在博物馆里看中国历史

史前史·夏商周史

边庆祝 顾文杰 —— 编著　　马尔克斯文创 —— 绘

北京理工大学出版社
BEIJING INSTITUTE OF TECHNOLOGY PRESS

图书在版编目（CIP）数据

在博物馆里看中国历史：全 6 册 / 边庆祝等编著；马尔克斯文创，童圆文化绘 . -- 北京：北京理工大学出版社，2025. 4.

ISBN 978-7-5763-4934-4

Ⅰ . K209

中国国家版本馆 CIP 数据核字第 2025N20C43 号

责任编辑：李慧智　　文案编辑：李慧智
责任校对：王雅静　　责任印制：施胜娟

出版发行 / 北京理工大学出版社有限责任公司

社　　址 / 北京市丰台区四合庄路 6 号

邮　　编 / 100070

电　　话 /（010）68944451（大众售后服务热线）

　　　　　（010）68912824（大众售后服务热线）

网　　址 / http://www.bitpress.com.cn

版 印 次 / 2025 年 4 月第 1 版第 1 次印刷

印　　刷 / 武汉林瑞升包装科技有限公司

开　　本 / 889 mm×1194 mm　1/16

印　　张 / 48

字　　数 / 720 千字

定　　价 / 299.00 元（全 6 册）

图书出现印装质量问题，请拨打售后服务热线，负责调换

你们知道吗？大禹三过家门而不入，胸怀怎样的壮志与担当？诸葛亮未出茅庐便知天下三分，是何种睿智在他脑海闪耀？霍去病高呼"匈奴未灭，何以家为"，是何等的豪情壮志？历史，从来不是故纸堆里的陈旧记载，而是智慧的源泉，是灵魂的滋养。知历史，能让我们找到前行的坐标；明历史，有益于我们洞察人心的幽微；悟历史，可助我们拥有披荆斩棘的力量。历史就像一座蕴藏无尽宝藏的矿山，越深入挖掘，等待你的越有可能是珍稀的宝物。

博物馆就是那座与历史紧紧相连的桥梁，是岁月精心雕琢的宝库，承载着人类的辉煌与沧桑，以独一无二之姿态静立于尘世，等待世人揭开历史的神秘面纱。那古老的青铜鼎，斑驳的锈迹如同岁月的泪痕，神秘的纹路宛如古老的密码，诉说着祭祀的庄重、王朝的更迭。还有那色彩斑驳的壁画，犹如一部部生动的史书，尽显市井的热闹喧嚣、宫廷的奢华繁缛；人物的神情姿态、举手投足，尽显古代生活的千姿百态。那些古老的书卷，纸张虽已泛黄，却承载着历史的真相，甚至一个字就可能激活一段鲜为人知的历史。一件文物，一个事件，一则故事，或如激昂的战歌，或如悲壮的挽曲，或似温情的牧歌，或像残酷的警钟，交织成一幅五彩斑斓又深沉厚重的历史画卷。牧野之战的战火仿佛从未熄灭，楚汉英雄的智慧与勇气令人叹为观止，淝水之战以少胜多的辉煌展现出惊人的力量……那些为了信念、为了家国正义而慷慨赴死的将士们如同璀璨星辰，在历史的黑暗中闪耀着永不磨灭的光辉。

历史就是这样一面镜子，映照着人类的兴衰荣辱，也映照出人性的光辉与阴暗。从商纣王的酒池肉林导致王朝覆灭，到贞观之治的开明盛世成就繁荣昌盛，历史的教训与经验如洪钟大吕，振聋发聩。历史告诫我们，在困境中要坚守希望，在繁华中要保持清醒，骄奢淫逸是堕落的深渊，励精图治是兴盛的基石。

对于孩子们而言，博物馆里的文物和历史故事，是一扇扇通往神秘世界的大门，是

序

点燃他们好奇心与求知欲的火种。当孩子们站在这些古老的文物面前，心中会涌起对未知的渴望、对历史的敬畏。这些文物和故事，就像播撒在孩子们心田的种子，一颗承载着对神秘历史无尽向往与渴望的种子。在岁月的润泽下，这颗种子会生根发芽，成长为一棵庇荫心灵的大树，最终成为人生中最宝贵的精神财富。

这套"在博物馆里看中国历史"书系，以博物馆为契机，将文物、历史、故事、人文百科知识有效结合，旨在用真实的文物串联起整个中国史，用肉眼可见的、可以触摸的东西，带给孩子更真实的历史体验感。全套书按时间顺序分为史前夏商周史、春秋战国秦汉史、三国两晋南北朝史、隋唐五代十国史、宋元辽夏金史、明清史 6 册，从史前云南元谋人开始，一直讲到清朝灭亡。书中设置文物档案、博物馆小剧场、历史小百科三大版块。其中，"博物馆小剧场"以第一人称的形式讲述特定历史时期的事件，胶片式的设计风格、活泼生动的表达方式，让孩子们既能享受到看电影一般的爽感，同时又能轻松掌握特定时期的历史发展变化。全书在内容的编写上，既尊重历史的真实性，又充分考虑当代孩子的阅读习惯和兴趣，语言生动有趣，极具可读性。图片上既有真实的文物考古图，又有精美的手绘插图，极具审美和艺术欣赏的价值。

当孩子们翻开这套书籍时，就如同开启了一部神奇的时光机，可以与古人对话、与历史相拥。愿这些历史的遗珠绽放出的智慧光芒，照亮孩子们前行的道路，使他们在喧嚣的现代社会中，拥有一片宁静而深邃的精神家园。

2025 年 1 月　于林甸

目 录
CONTENTS

第一章
新旧石器时代的人类文明

目录
CONTENTS

第四章
甲骨文和青铜器时代

目 录
CONTENTS

第五章
成也分封、败也分封的周朝

第一章
新旧石器时代的人类文明

第一节

从南方古猿向直立人过渡的元谋人

文物档案

名　称：元谋人上、中门齿（复制品）

出土地：1965 年云南省元谋县上那蚌村

特　点：齿冠下部的底结节发达，指状突粗壮。

收　藏：中国国家博物馆

　　元谋人是迄今为止在中国境内发现的最早的直立人。1965 年，考古学家在云南省元谋县上那蚌村附近发现了两枚元谋人牙齿化石。古地磁年代测定显示，该化石距今约 170 万年。元谋人的外形既保留了南方古猿的特点，也与北京人有相似之处，处于从南方古猿向直立人过渡的阶段。

　　元谋人生活在茂密的森林里，与无颈鬃豪猪、元谋狼、云南马、中国犀、山西轴鹿、剑齿象等许多动物生活在一起。元谋人以捕食猎物为生，随着大脑的发育，他们已经能制作简单的工具了，比如砍砸器、尖状器等。此外，他们还会利用天然火烤肉，告别了"茹毛饮血"的生活。

　　现在就让我们走进博物馆小剧场，一起感受下元谋人的生活吧！

 博物馆小剧场　　元谋人的生活日记

1 当当当——欢迎来到我们的家。对，这是一座小山冈，我们就生活在这片长满榛树和杂草的森林里。茂密的树叶是我们的天然遮盖，杂草就是我们的床啦。

2 太可怕了！今天我缠着大人们带我去打猎。就在大人们追击一只轴鹿的时候，不知道从哪里冲出来一头剑齿象。天啊，要不是大人们一起合力驱赶，我们恐怕就变成剑齿象的猎物了。

3 现在是制作工具的时间。方法其实很简单，只要用一块大石头砸向另一块石头，砸出来的锋利碎片就可以作为工具啦！这是我们发明的"砸击法"，是不是很厉害？

4 昨天晚上，我们居住的森林又着火了。我们却兴奋得一夜没睡。今天又可以吃到香喷喷的烤肉啦！它真的比生肉好吃百倍，我迫不及待地想要冲过去享受美食了！

　　尽管我们一直说元谋人是最早的中国直立人，但实际上，关于元谋人存在的年代，学术界还存在很大争议。目前，绝大多数人支持的是中国地质科学院根据古地磁测试法测定的距今约 170 ± 10 万年的观点。而中国科学院地质研究所则依据古地磁分析和对比，提出了距今 164 万年的看法。至于真相究竟如何，还需要感兴趣的你们去发掘更多证据。

历史小百科

怎么判断元谋人生活的年代？

　　地质学家判断元谋人生活的年代主要运用古地磁测试法，用以判定岩石或化石的年代。这种方法利用的是矿物在特定的时间和地点会形成固定方向的剩余磁性的特点。通过建立地球极性时间表，并对比所测岩石的极性，地质学家就能够推算出矿物的形成年代，进而确定元谋人的生活年代。

全新世
更新世
　世
　世

1 万年前
170 万年前（元谋人）
180 万年前
530 万年前
2300 万年前

元谋人与南方古猿、北京人牙齿的关系

　　元谋人的上门齿与南方古猿有一定的相似之处，例如齿冠面的隆突不是很明显，齿根侧面缺乏显著的浅沟。同时，元谋人的上门齿与北京人相近，表现为牙齿呈铲形，底结节发育，指状突明显，以及切缘较宽等。这些相似之处揭示了元谋人与南方古猿、北京人在牙齿结构上的某些共同特征。

元谋人　　　南方古猿　　　北京人

第二节

有两个"家"的蓝田人

　　蓝田人是中国旧石器时代的早期直立人，根据最新的磁性地层学研究和黄土－古土壤序列的对比结果，生活在陈家窝的蓝田人距今约65万年，而生活在公王岭的蓝田人年代则更为久远，距今约为110万年。这两个地点的蓝田人所处的自然环境截然不同。公王岭的蓝田人生活在气候温润、草木繁盛的区域，当地比较常见的有巨獏、剑齿象、剑齿虎、大熊猫等南方类型的动物。陈家窝的蓝田人则生活在相对寒冷、干旱的气候条件下，当地常见的有复齿兔、丁氏鼢鼠等北方类型的动物。

　　无论哪个地点的蓝田人，他们都已经学会了运用简单的方法打制如石球、砍砸器、刮削器、尖状器等石器，以捕猎野兽和采集林中的果实等为主要食物来源。

博物馆小剧场　蓝田人的不同生活

1 嗨，我是生活在公王岭的蓝田人。我们生活的地方是一片茂密的森林，这里温暖湿润，环境优美。瞧，这个山洞就是我的家，我们晚上就睡在里面，舒服又安全。

2 今天上午，我跟着爸爸、叔叔们一起去打猎。就在爸爸他们围攻一只巨獏的时候，一只剑齿虎从后面冲了过来。幸亏爸爸他们足够勇猛，才把剑齿虎吓退！

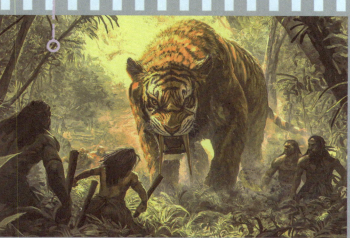

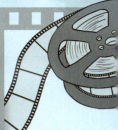

3 大家好，我是生活在陈家窝的蓝田人。现在是冬季，真的好冷啊，我每天都想躲在洞里的树叶堆下面不出来。好羡慕我的祖先呀，听说他们生活的地方又温暖又舒适。

4 幸好前几天爸爸他们打了几只复齿兔回来，这样即使不出门我们也不会挨饿了。妈妈和阿姨们还为我们这几个孩子用兔皮一人做了一身衣服，别提多暖和了。总算能熬过这个冬天啦！

　　不难看出，生活在不同环境中的蓝田人确实表现出不小的差异。尽管我们还没有发现蓝田人的居住遗址和墓葬，但从目前考古发现的石器工具和遗留物中，可以合理推测，他们可能已经形成了某种形式的社会组织，并拥有了文化传承。总之，蓝田人的发现对于研究古人类的生活环境和进化过程具有重要意义，为我们认识人类起源和进化提供了新的线索和视角。

历史小百科

陕西蓝田猿人遗址

蓝田人是怎么被发现的？

　　1963 年 7 月，中国科学院的考古学家在陕西省蓝田县陈家窝村附近进行考古发掘时，意外发现了一名老年女性的下颌骨化石。1964 年 5 月，中国科学院的考古学家又在陕西省蓝田县公王岭地层中发现了一名中年女性的头骨化石。研究人员将陈家窝发现的下颌骨和公王岭发现的头骨进行了归整，并正式命名为"蓝田中国猿人"，简称"蓝田猿人"或"蓝田人"。

蓝田人的真正故乡

　　作为蓝田人的发现者之一的考古学家，黄万波认为蓝田人尽管发现于陕西蓝田，其故乡却不是那里，而在秦岭以南一带。因为蓝田一带的地质构造主要是黄土，这种土壤并不适合原始人类居住。根据中国的气候特征，当时正处在冰川间隔期，即间冰期，由此推断出蓝田人是在某一个时期气候变暖后，从三峡地区迁移到蓝田的。

第三节

向"人"跨进的北京人：
北京人居住的环境

文物档案

名　称：北京猿人头盖骨化石
出土地：北京市房山区周口店遗址第一地点
特　点：颅高、颅长、颅宽都远远超
过猿类。头盖骨相对平低。
收　藏：中国国家博物馆

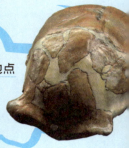

　　北京人是世界上著名的直立人之一，距今约 70 万年至 20 万年。1927 年，考古学家发现了北京人的第一颗牙齿。此后，考古学家多次发掘这个遗址，获取了大量人类化石和文化遗物。

　　北京人生活在北京房山周口店龙骨山一带，那里环境优美、地势多样，既有植被繁茂的山丘，也有宽阔的平原，还有各种各样与人类同居一处的动物。北京人已经拥有遮风挡雨的居住场所——洞穴，过上了相对稳定的定居生活。为了对抗大自然和猛兽，北京人几十个人群居，共同参与劳动并分享劳动果实。这标志着早期原始社会的形成。

　　下面就让我们走进博物馆小剧场，一起来了解下北京人居住的环境吧！

 博物馆小剧场 北京人的家

1 当当当——这里是周口店的龙骨山，跟我来，先感受这片草木茂盛的森林，再看山下的那条小河，它叫坝儿河。再看那边，是一望无际的平原，我最喜欢躺在草地上晒太阳啦。

2 我们这里还生活着很多动物，有野马、水牛、肿骨鹿、葛氏斑鹿等食草动物，它们是大人们狩猎的主要对象。还有豹、猞猁、棕熊等食肉动物，看见它们得远远跑开才行。

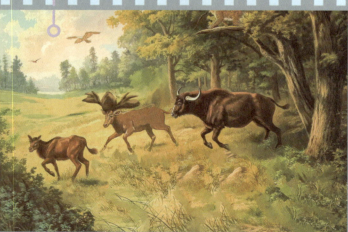

3 这个巨大的洞穴就是我们居住的地方。听我爷爷说，这个洞穴最早被河水淹没了，干涸后是鬣狗群最先占据了它，我们的祖先和鬣狗群经历了一场恶战，才把这个洞穴抢到手呢！

4 妈妈和阿姨们在为我们的晚餐做准备，负责烤肉的是爸爸和叔叔们。我们这个大家族有几十人。大家一起采集食物、狩猎，也共同防御野兽的袭击。总之，无论做什么都是一起做。

在北京房山周口店遗址，考古学家们发现了大量北京人的牙齿、下颌、肢骨和头骨化石。通过对这些化石的研究，我们得知数十个北京人个体的年龄，而他们极高的低龄死亡率揭示了当时生活条件的极端恶劣。此外，在周口店还出土了十万多件石制品和 100 多种哺乳动物化石。这些化石真实记录了北京人的原始生态环境和生活状态。

历史小百科

奇怪的发现

在周口店遗址的考古活动中，考古学家发现了一个奇怪的现象：所有的动物化石中，躯干、肢体的化石数量明显多于头骨，而北京人的化石恰恰相反，头骨较多，躯干、肢体化石却很少。这一反常现象并非考古过程中丢失所致，其背后原因引人猜疑。有人猜测北京猿人可能存在人吃人的现象。也有人认为他们可能遭受了鬣狗群的袭击。然而，这些猜测目前都缺乏确切证据，真相仍在探寻中。

失踪的头盖骨

1929 年 12 月 2 日，考古学家在北京房山的周口店遗址发现了第一个北京猿人头盖骨化石，这一发现随即轰动了世界。从 1929 年到 1937 年，考古学家在该遗址共发掘出五个北京猿人头盖骨化石，这些化石具有极高的学术研究价值。然而，令人深感遗憾的是，这些珍贵的头盖骨化石在日本侵华战争期间神秘失踪，其下落至今仍然是一个未解之谜。

第三节

向"人"跨进的北京人：
狩猎和采集

文物档案

名　称：葛氏斑鹿角化石
出土地：北京市房山区周口店遗址第一地点
特　点：鹿角长 36.5 厘米，宽 13 厘米；附带部分残破头骨。
收　藏：北京周口店北京人遗址博物馆

北京人的食物以朴树果、松树籽、榆树籽等为主。由于狩猎难度极大，猎物不再是北京人的主要食物来源，只是作为食物的一种补充。北京人的分工十分明确，采集工作一般由女性负责，而狩猎工作则由男性承担。他们的狩猎对象主要是肿骨鹿和葛氏斑鹿这样的食草动物。在狩猎过程中，北京人一般采用群体协作的方式，使用木棒、石器等简陋的狩猎工具。他们通过追赶、围攻、利用自然陷阱等手段来狩猎。然而，即使是这样，狩猎大型动物仍然相当困难。相比之下，更容易捕获的是鸟类、昆虫、啮齿类动物等。

下面就让我们走进博物馆小剧场，一起来了解下北京人的狩猎和采集活动吧！

博物馆小剧场　北京人的谋生手段

1 听爷爷说，他们以前经常因为打不到猎物饿肚子。这让我完全无法想象，因为我出生以来，即使爸爸他们打不到猎物，妈妈她们也会采回美味的水果、坚果。怎么会饿肚子呢？

2 我和伙伴们疯玩归来，看到妈妈和阿姨们已准备好丰富的坚果，有朴树果、松树籽、榆树籽，还有我从来都没吃过的榛子！好怀念夏天时饱满多汁的水果呀！不过，这些坚果我也喜欢。

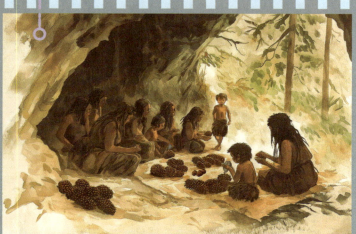

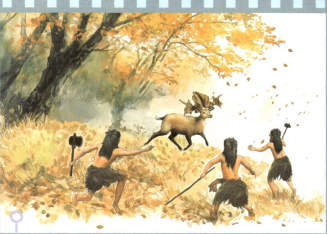

3 临近傍晚，爸爸和叔叔们回来了。爸爸说，这次差一点儿就捕到了肿骨鹿，可惜最后还是让它跑掉了。不过，他们抓到了一只河狸、几只鸟，还有一些昆虫。有肉吃啦，真不错呀！

4 你一定注意到我家里人很多吧？确实，我们都是血缘相连的亲人。我们选择住在一起，主要是为了狩猎便利，可以互相帮助。毕竟，一两个人是对付不了凶猛的猛犸象的，就连肿骨鹿人手少也很难捕获呢！

　　从蓝田人时期开始，采集果实逐渐取代狩猎成为原始人获取食物的主要方式。北京人生活的周口店龙骨山一带，自然环境多样，物种丰富，极大地满足了北京人的生活需求。狩猎与采集活动全面反映了北京人的生活状态、经济形态和生产力水平，同时也较为直观地映射了同时期直立人的生存条件和谋生手段。

历史小百科

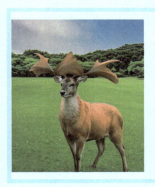

肿骨鹿

　　肿骨鹿是中国更新世时期较为常见的动物。在北京房山周口店遗址出土的食草动物中，肿骨鹿的化石数量最多。许多肿骨鹿化石上有人工破碎和火烧过的痕迹，这说明这种动物是北京人狩猎和食用的主要对象。

啮齿目动物

　　啮齿目动物一般指具有一对凿子状门牙的中小型哺乳动物，人们习惯称它们为鼠类。常见种类有家鼠、沙鼠、跳鼠、黄鼠、巢鼠等，还有水豚、河狸、豪猪等也属于此类。世界上最小的啮齿目动物是巢鼠，体重通常不超过 10 克；世界上最大的啮齿目动物是南美洲的水豚，体重可达 60 千克。中国的大型啮齿目动物是新疆的河狸，体重达到 17~30 千克。

第三节

向"人"跨进的北京人：
会使用火和工具

文物档案

名　称：灰烬

出土地：北京市房山区周口店遗址第一地点

特　点：成堆分布，含烧过的朴树籽、木炭、鹿角和各种动物骨骼。

收　藏：中国国家博物馆

在世界直立人的遗址中，最受人肯定的、保存最丰富的当属北京人的用火遗迹。据考古学家推测：北京人经常把朴树枝、食用后的兽骨作为燃料。北京人用火遗迹中灰烬成堆、成层分布的现象，说明北京人已经具备了管理火的能力。当时的北京人能够从天然火源中获取火种，在洞口或洞内生起篝火，加以保管。北京房山周口店遗址共计出土石制品10多万件，制作石器的原料包括石英、砂岩、燧石等；石器的种类包括石砧、石锤、刮削器、砍砸器、尖状器、石球等。

下面就让我们走进博物馆小剧场，一起来了解下北京人使用火和工具的情况吧！

 博物馆小剧场　　**更聪明的北京人**

1 早上，妈妈和阿姨们要打制石器。她们先挑出合适的石块，通过打击石块获取石片。最后，她们会对粗糙的石片进行精细加工，用石锤沿石片的边缘进行垂直敲击，直到石片越来越规整，整个制作才完成。看到了吧，打制石器还是挺复杂的。

2 这里是存放石器的地方，有石砧、石锤，还有刮削器、砍砸器以及尖状器等各种各样的石器。爸爸和叔叔们狩猎时，特别喜欢使用砍砸器作为狩猎武器。自从有了工具，处理爸爸他们打回来的猎物也便利多了。真想快点儿吃到肉啊！

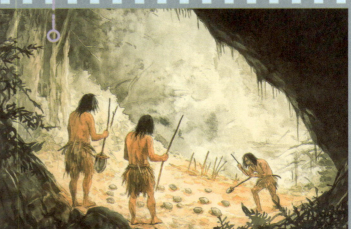

3 听说我们的祖辈最早是吃生肉的，后来，他们在森林大火中发现了火的存在，但不会保存火种。真笨呀，只要不断地添加树枝、兽骨，保持火不灭不就行了吗？

4 自从有了火，我们才发现，火的作用可不仅仅是烤肉这么简单！它还能够给我们带来光明，让我们的夜晚生活更丰富多彩，并且能够吓退好多猛兽！天快黑了，我得赶紧把火烧得旺一些。

　　北京人最大的特点是在使用火的基础上，学会了如何保存火种，这是人类历史上又一个飞跃性的进步。在工具加工方面，他们的技术也越发精细，工具品种更加丰富多样。火的使用使人类摆脱了茹毛饮血的原始生活状态，延长了人类的寿命。而工具的使用则是人类进化史上的重要一步，它进一步加速了人类从直立人向早期智人进化的过程。

📍 历史小百科

穿孔兽牙

人类用火最早的证据之一

　　在许多直立人遗址中，考古学家都发现了用火的遗迹。1988 年，南非德兰士瓦博物馆和开普敦大学的考古工作者，在南非的斯特克兰斯山洞发现了 270 块烧焦的羚羊、野猪、斑马和狒狒的骨化石，这些遗址距今约 100 万年至 150 万年，被认为是人类用火最早的证据之一。

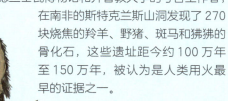

制造能力升级的技术

　　山顶洞遗址中出土的钻孔小砾石，上面的钻孔不是很圆，而且两面的圆孔直径也不同。不过，这足以说明原始人已经掌握了在较厚的物体上从两面对钻的方法。这种钻孔技术还被应用到骨器制作上，于是出现了骨针等骨质用具，这也标志着原始人掌握了缝制衣服的技能。

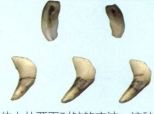

第四节

山顶洞人：
我是现代人了

文物档案

名　　称：山顶洞人头骨化石（复制品）

出土地：北京市房山区周口店龙骨山

特　　点：低眶，阔鼻，属于旧石器时代晚期的智人化石。

收　　藏：湖北省博物馆

　　山顶洞人属于旧石器时代晚期智人，生活的年代距今约 1 万年至 3 万年。山顶洞人处于母系氏族时期，按照母系血统确立亲属关系，女性在生活中居于主导地位。

　　一个氏族一般有几十个人，由共同的祖先繁衍下来。他们使用共有的工具，共同劳动，共同分配食物，没有贫富贵贱的差别。山顶洞人仍然使用打制石器，但已经掌握了磨光和钻孔的技术，骨器和装饰品也制作得十分精美。他们会人工取火，以采集、狩猎和渔猎为生，居住在洞穴之中。洞穴的构造已经区分为洞口、上室、下室和下窨四部分。山顶洞人能够使用骨针缝制衣服御寒，还懂得用贝壳等饰物来满足审美需求。

博物馆小剧场　　**山顶洞人的好日子**

1 我们的家族很大，加上爸爸妈妈、叔叔阿姨、外公外婆、表兄堂妹等，有几十口人呢。在家族中，大家都尊重并听从女士的意见，因为我们的食物都是她们采集来的，而男士猎到的猎物很有限。

2 我的爸爸好厉害！他竟然用钻木头的办法成功引燃了篝火。这下好了，我们再也不用担心篝火会熄灭了。以前，大家每日每夜地守在篝火旁添火加柴，可还是抵不过一场大雨。真的太辛苦了！

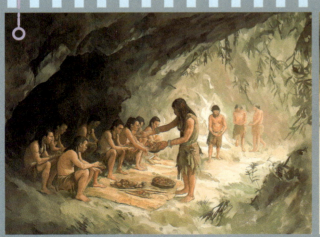

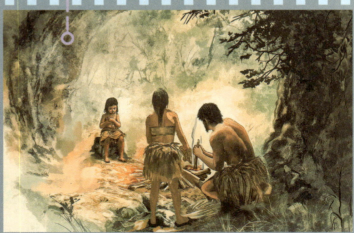

3 今年冬天尤其冷，不过我聪明的妈妈和阿姨们，早就用骨针为我们缝制好了特别保暖的兽皮衣服，让我们完全不用担心挨冻。她们还给女孩子们制作了美丽的兽牙和石珠项链。好羡慕呀！

4 我最喜欢夏天。爸爸他们不仅能猎到鹿，有时还能捕获好多鲩鱼和鲤鱼。要知道，我们平时虽然不会挨饿，但吃肉的机会并不多。更何况美味的烤鱼，我真的是太爱了！

　　山顶洞人相对于直立人的进步之处，除了已经学会钻木取火外，还出现了最原始的商业活动迹象。而且他们已经开始懂得埋葬死者，这被认为是中国迄今所知最早的埋葬行为。同时，他们还展现出了原始的宗教信仰等特征。人工取火的实现，标志着人类认识和征服大自然的能力大幅提升，而捕鱼活动的开展，则表明人类已经把生产活动的空间拓展到了水域。

历史小百科

山顶洞人遗址

"山顶洞人"被借用的现代寓意

　　山顶洞人在现代人的印象中代表着原始人类。中国台湾地区根据山顶洞人长久居住在洞穴中的特点，将那些久居室内、不怎么出门的现代人戏称为"山顶洞人"。这一名词和中国大陆所称的"宅男""宅女"有着相似的寓意。

骨针

　　骨针是中国发现的最早的旧石器时代的缝纫工具，它在新石器时代和夏商时期被广泛使用，直到秦汉时期铁针出现才逐步被淘汰。骨针一般由野兽的骨头制成，主要用途是缝制兽皮衣服和制作装饰品。骨针的出现，标志着山顶洞人的钻孔技术，磨制技术，制造、使用钻孔工具的能力已经相当纯熟。

第五节

半坡文化

文物档案

名　称：鱼纹盆
出土地：陕西省西安市浐河东岸半坡遗址
特　点：泥质红陶材质，盆外周身有黑彩
　　　　绘出的三尾单体鱼图案。
收　藏：西安半坡博物馆

　　半坡文化因在陕西省西安市半坡村遗址发现而得名，属于黄河中游地区新石器时代的仰韶文化范畴，起始于距今约 6800 年，结束于距今约 6300 年。半坡文化是农耕文化的主要代表之一。半坡居民已经过上了定居的生活，以氏族或部落的形式形成村落。房屋结构包括地面式和半地下式，形状呈方形或圆形，且房屋周围挖有壕沟，作为防御工程。半坡居民主要以种植农作物和捕鱼为生，已经掌握了制作和使用弓箭的技术。此外，半坡人的彩陶制作工艺精湛，陶器上绘制的内容也丰富多彩，展现了他们高超的艺术才能。在丧葬习俗方面，半坡人已有将成人死者埋入公共墓地的做法，并且会随葬一些陶器、骨珠等物品，以表达对死者的尊重和缅怀。

博物馆小剧场　　半坡居民的生活

1 昨天晚上刮了好大的风，幸亏我们的房子是用很结实的木头建造的，而且还有一半建在了地下。我的好朋友家的房子是完全建在地面上的，真担心会受到影响。

2 我一出门，就看见爸爸和叔叔们在村子周围挖了一圈深深的壕沟。爸爸说，这是用来预防凶猛的野兽前来侵袭的。好吧，壕沟挖得那么深，估计谁掉下去都上不来了。

3 好朋友的爷爷正在制作陶器。他选用的是红色的陶土，用黑色颜料在上面画上鱼、鹿、人面、植物等精美的纹样。陶器的形状也多种多样，真美啊！我以后也要学习制陶，做得像爷爷一样好。

4 我回到家，看到爸爸已经把弓背在了身上，箭袋里装满了箭。我们的箭镞是用石头做的，比木制的结实多了，杀伤力也更强。爸爸和叔叔们带着猎狗出发了。希望他们收获满满！

　　地处黄河中游的陕西是中华民族的重要发源地之一，而半坡文化遗址则是黄河流域保存最为完整、规模最大的母系氏族村落遗址，同时也是中国唯一保存完好的原始社会村落遗址。半坡文化作为北方农耕文化的典型代表，为全面深入研究黄河流域原始氏族社会的基本性质、经济发展、文化生活等方面，提供了宝贵的资料和极具价值的参考。

历史小百科

六孔埙

最古老的乐器

　　埙（xūn）作为半坡居民精心制作的陶制品，被誉为最古老的一种乐器。埙源于半坡居民对鸟兽叫声的模仿，他们在狩猎过程中利用埙吹出来的声音诱捕猎物。随着时间的推移，埙逐渐脱离了其原始的实用功能，转变为一种纯粹的乐器。在这个过程中，人们在埙上增加了按音孔，使其演变成为一种可以吹奏多种音调的闭口吹管乐器。

最早的蒸锅

　　半坡文化时期的陶甑（zèng），相当于现代的蒸锅，是人类历史上最早利用蒸汽将食物做熟的烹饪工具。半坡居民在长期的生活实践中，发现水蒸气可以有效地将食物蒸熟，于是便创造性地制作了陶甑这一独特的烹饪工具，一直沿用到了今天。

第六节

向父系社会过渡的仰韶文化

　　仰韶文化是在中国境内最早确认的新石器时代文化之一，因 1921 年首次在河南省渑池县仰韶村遗址发现而得名，起始于距今 7000 年，结束于距今约 5000 年。仰韶居民以农业为主，种植的主要农作物是粟（小米），农业生产已经进入原始的锄耕阶段。同时，采集和渔猎在仰韶居民的生活中仍占据着重要地位。随着农业活动的增加，男性逐渐成为主要劳动力，社会地位随之提高，而女性的社会地位随采集的重要性减弱而逐渐低于男性。这标志着母系氏族社会开始向父系氏族社会转变。仰韶居民已经开始饲养家畜和家禽。居住的房屋有半地穴式和地面式两种类型，形状包括圆形和方形。这一时期的陶器制作工艺较为发达，石器制造、制革、制骨、编织、纺织等手工业开始发展。

博物馆小剧场　　仰韶人的美好生活

1 早上我还没睡醒，就被看院子的狗给吵醒了。好吧，我也该起床给村里的猪和鸡喂食了。喂食虽然有点儿辛苦，但一想到很快就有美味的猪肉和鸡蛋吃，我立刻干劲儿十足！

2 爸爸和叔叔们每天很早就下田干活了。我远远地看见他们挥舞石铲，干得很卖力。中午爸爸回来时说，今年粟米苗长得非常好，估计会迎来大丰收。这真是个天大的好消息！

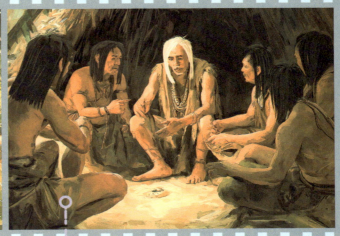

3 傍晚，我跟着爸爸和叔叔们拿着捕鱼工具下河抓鱼。我学着大人的样子，用骨叉叉到了好几条大鱼。爸爸他们则用鱼钩钓鱼，收获也很丰富。我们还捞到了不少贝类、虾。今天的晚餐绝对丰盛。

4 我准备睡觉的时候，爷爷、爸爸和伯伯、叔叔们被喊去开会了。听说是选举村里的族长，只有成年男子能参加，女人和孩子不行。好吧，反正家里的事情都是爸爸和爷爷做主。

　　仰韶文化是我国分布地域最广、影响最大的史前文化，上承旧石器文化，下接龙山文化。仰韶文化的发现，让中华民族5000多年的文明史找到了源头，开启了中国原始社会研究的新篇章，在我国乃至世界的考古史上都占有重要地位。尤其是仰韶文化中彩陶的艺术创作与广泛传播，被认为是史前第一次艺术浪潮的典型代表，达到了史前艺术的创作高峰。

历史小百科

陶器的制作工坊

　　在仰韶文化遗址中，已发现了上百座专门烧制陶器的窑场和作坊。这些陶窑根据其构造可分为横穴窑和竖穴窑两种，其中横穴窑最为常见。横穴窑由火膛、火道、窑箅（bì）和窑室四部分组成，其特点是火膛、火道与窑室横向排列，窑室底部为窑箅。竖穴窑的主要特点是火膛位于窑室的下部，两者基本垂直。

仰韶文化之父

　　瑞典地质学家、考古学家安特生于1914年协助中国北洋政府的地质学家寻找铁矿和煤矿。1918年12月8日，安特生第一次到达河南省渑池县仰韶村挖掘脊椎动物化石，并在这里发现了仰韶文化遗址，采集到了第一批化石标本。因此，中国人称他为"仰韶文化之父"。

第七节

大汶口文化

文物档案

名　称：刻符陶尊

出土地：山东省莒县陵阳河

特　点：形体较大，深腹，器物表面饰有篮纹，上端刻有山上矗立大树的符号。

收　藏：中国国家博物馆

　　大汶口文化因 1959 年在山东泰安大汶口遗址发现而得名，起始于距今 6300 年左右，结束于距今 4500 年左右。大汶口居民主要种植粟（小米）、水稻等农作物，饲养猪、狗、牛、鸡等家畜、家禽。他们的房屋以红烧土排房为主要特色。渔猎占有重要地位，且大汶口居民能够制作多种类型的投、刺猎具，展现了高超的狩猎技能。此外，大汶口文化的制作骨器和牙器工艺水平也极高。陶器也是大汶口文化的一大特色。陶质以红陶为主，同时也有灰陶、黑陶和少量的白陶。陶塑艺术品丰富多样，能够制作较为纯熟的兽形提梁壶及猪鬶、狗鬶（yù）等仿动物造型的陶制容器，显示了其独特的艺术魅力。值得一提的是，大汶口文化时期已经出现了夫妻合葬和夫妻带小孩合葬的现象。

博物馆小剧场　　大汶口居民的日常生活

1 我们家要盖新房子啦！爸爸和叔叔正用泥土和木头搭建房子的墙壁和屋顶。我负责捡柴火。等爸爸他们搭建好之后，我就把柴火点燃，将房子用火烤成红色就好啦！

2 盖完房子，族人就要给我和几个同龄的孩子拔牙了。我们这里有个风俗：孩子到了十四五岁就要拔掉上颌两颗侧门牙，这是因为我们崇拜的獐就没有这对门牙。可是，我真的好怕疼。

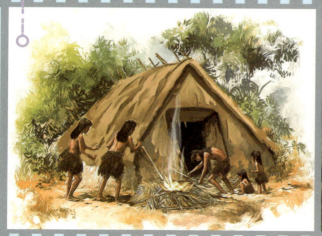

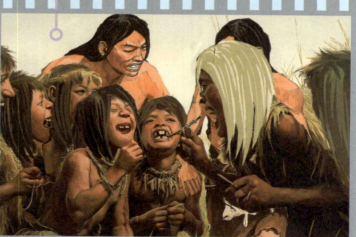

3 我的爷爷是村子里有名的工匠，他制作的象牙梳子好看又好用。爷爷还会用象牙和骨头制作装梳子的筒，特别精美。就连别的村子都有很多人抢着跟爷爷定制这些东西呢！

4 今年最让我伤心的事就是，我的好朋友一家在一场意外的大火中不幸丧生了。我们全族人一起为他们举行了葬礼，把他们一家三口埋葬在村子边上的公共墓地。

　　大汶口文化早期处于母系氏族社会向父系氏族社会过渡的阶段，到中期时，已经完全进入了父系氏族社会阶段。在父系氏族阶段，财富的私有和贫富之间的分化现象有了进一步的发展。到了大汶口文化晚期，生产力水平较中期有了显著提升。这一发展促进了生产关系的变革，同时氏族制度也逐渐走向瓦解。

 历史小百科

广饶傅家大汶口文化遗址发掘现场

大汶河的传说

　　大汶口文化的源头出自大汶河。相传，背朝东海的大汶河向西流入了西王母的水池，这让东海龙王很不高兴。因为按照常理，所有河流都应流向东海。东海龙王派三女儿前往寻找管辖大汶河的小青龙，命令他改道使河水东流。小青龙认为改道会伤害两岸居民。三姑娘尝试劝说东海龙王改变主意，却因此被赶出了龙宫。随后，三姑娘奔走于大汶河两岸，降下甘霖，使得大汶河两岸风调雨顺，百姓安居乐业。

财富的象征

　　狗和猪是大汶口居民主要饲养的两种家畜，同时也被视为当时财富的象征。在大汶口文化遗址中，发现了众多的墓葬，其中一个显著的特点是，男性墓葬多用狗作为殉葬。而在这些墓葬中，随葬有猪的占到了三分之一以上的比例。

第八节

河姆渡文化

　　河姆渡文化距今约 8300 年，因 1973 年在浙江省余姚市河姆渡遗址发现而得名，其主要分布区域为杭州湾以南的宁绍平原。在河姆渡文化时期，水稻种植占据主导地位。当时的房屋主要采用栽桩架板的方式建造，是一种高于地面的干栏式建筑。这一时期，石器磨制技术和木工制作水平相当高超，出现各种类型的石制工具，如石斧、石锛、石凿等。陶器主要以夹炭黑陶为主，纹饰多为绳纹。尤为引人注目的是雕刻和雕塑艺术品，如双头连体鸟纹骨匕等，展现出精湛的工艺水平。河姆渡遗址出土的朱漆木碗是目前中国所见的最早的漆器。此外，河姆渡文化时期的盉被认为是中国最古老的酒器，而骨哨则被视为中国最古老的乐器。

博物馆小剧场　丰富多彩的河姆渡生活

1 现在是种水稻的季节，妈妈和阿姨们每天早出晚归，忙着育苗、插秧，还要挖渠、引水。希望今年的水稻能够大丰收，那样我们每天都能吃上美味的白米饭啦！

2 爸爸和叔叔今天早早地就去森林里砍树了，说是要盖一间新房子用来存储粮食。他们砍完木头后，还要进行切割、打磨，然后搭建基座、立柱子、架房梁、盖房顶。盖房子真的很麻烦！

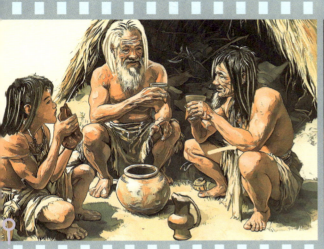

3 中午时分，妈妈和阿姨们不仅准备了美味的烤肉，还为爸爸和叔叔们备下了美酒。我帮忙摆好了餐具，还拿出了爷爷亲自制作的盉给爸爸他们盛酒。今天的午饭真是太丰盛了！

4 晚上，不用干活的大人们带着我们这些孩子一起举办篝火晚会。大家围着篝火唱歌、跳舞，开心极了。我有时候还会表演吹骨哨，大家都夸我吹得很动听，很有天赋！

　　河姆渡文化作为中国乃至世界著名的新石器时代的典型文化之一，是长江流域及以南地区的东南江海文化的杰出代表。与其相对应的是以半坡遗址为代表的黄河流域及以北地区的中原内陆文化，它们共同构成了中国文化源流的两大区域系统。河姆渡文化与浙江良渚文化、安徽凌家滩文化相互交汇融合，共同构成了有巢氏先民赖以生存的丰富人文背景。

历史小百科

中国最早的干栏式建筑

　　干栏式建筑是指在木柱或竹柱底架上搭建的、底部悬空的房屋。从远古一直到近代，干栏式建筑一直是我国长江流域及以南地区的主要建筑形式。其中，河姆渡文化的干栏式建筑是迄今所见我国最早的干栏式建筑。

中国最早的牙雕工艺品

　　牙雕制品在大汶口文化时期已出现，但相对简单，还称不上工艺品。而河姆渡文化时期的牙雕，技术精湛，出现了鸟形象牙圆雕、双鸟朝阳象牙雕刻等工艺品。这些工艺品构思巧妙，造型独特，制作精美，被认为是迄今所见中国最早的牙雕工艺品。

第九节

龙山文化

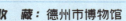

文物档案

名　称：灰陶鬲

出土地：山东省日照市两城镇遗址

特　点：炊煮器。侈口，圆腹，三
个袋状足，质地为夹砂灰陶。

收　藏：德州市博物馆

　　龙山文化距今约 4000 年，是一种以黑陶为主要特征的文化，因在山东省济南市历城县龙山镇（今属济南市章丘区）被发现而得名。龙山文化继承了大汶口文化的传统，其制陶工艺和制玉工艺在整个新石器时代文化中均十分突出。除了陶器和玉器，龙山文化还包含了大量的石器、骨器、蚌器等。龙山居民以农业为主，主要从事谷子种植，同时兼顾狩猎、捕鱼以及饲养家禽、家畜。龙山居民已经学会了建筑城堡。龙山文化的骨刻文与甲骨文之间具有某种传承关系，这为解释汉字起源提供了新的依据。此外，龙山文化的酒文化较为盛行，还出现了用兽骨进行占卜的行为。据考古学家的推测，这个时期可能已经出现了铜器。

博物馆小剧场　　日益丰富的龙山生活

1 族长生日那天，全族人都来庆贺了。聚会结束后，我帮忙收拾餐具，陶碗、陶盆、陶罐、陶瓷、陶尊……天啊，用的时候可真是方便，但是要洗到什么时候呀！

2 为了祈祷今年是个丰收年，我的奶奶作为族里最厉害的占卜师，选了一个月圆之夜进行"骨卜"，就是将动物肩胛骨烧至龟裂，根据龟裂的形态占卜吉凶。

3 我们这里的雨水比较少，经过族人的分析，这里的土地非常适合种植谷子，所以家家都种起了谷子。而男士们会在农闲的时候狩猎、捕鱼。我最喜欢跟爸爸一起去捕鱼了！

4 我的爸爸和叔叔们最近被族长召唤去盖房子了。族长是我们族里最富有的人，所以他家要盖的是城堡。据说城堡有好多房间，有三四层那么高。我家什么时候也能住上这样的城堡呀！

　　龙山文化是以黑陶为主要特征的文化遗存，它处于铜石并用的时期，同时处在文明社会的形成阶段。历史上夏、商、周等朝代的文化渊源，都与龙山文化有着千丝万缕的联系。此外，研究龙山文化也有利于我们更深入地了解东夷族的社会结构、生活习俗、生产活动、精神信仰等方面的情况。

历史小百科

藤花落遗址

　　藤花落遗址位于江苏省连云港市经济技术开发区中云乡，是江苏省境内发现的首座龙山文化城址，也是中国迄今为止发现的首例拥有内外双重城墙结构的史前城址。该遗址历经多次考古发掘，共计出土陶器、玉器、石器、炭化稻米及各类动植物标本 2000 多件。

黑陶

　　黑陶作为中国新石器时期的代表性陶器，广泛发现于大汶口文化、龙山文化、大溪文化、屈家岭文化遗址中。黑陶按质地可分为泥质、夹砂、细泥三种类型，其中细泥黑陶以其"薄如纸、黑如漆"的特点，展现了当时高超的制作工艺水平。

泥质黑陶　　　夹砂黑陶　　　细泥黑陶

第十节

马家窑文化

文物档案

名　　称：舞蹈纹彩陶盆

出土地：青海省大通县上孙家寨

特　　点：呈橙红色，上腹部弧形，下腹
内收成小平底，有简单的黑线条装饰。

收　　藏：中国国家博物馆

马家窑文化距今 5700 年左右，因 1923 年在甘肃省临洮县的马家窑遗址被发现而得名，主要分布范围涵盖了黄河上游地区的甘肃、青海等省份。马家窑文化是仰韶文化分化出来的一个分支，同时是齐家文化的源头之一。马家窑居民以农业为主，主要种植谷子和黍子，并会饲养鸡、猪、狗、羊等家禽家畜。在这一时期，男女分工日益明确，男性主要从事农业劳动，而女性则负责纺织、制陶等手工劳动。房屋以半地穴式建筑和地面式建筑为主，房屋的平面形状包括方形、圆形两种，其中方形半地穴式房屋最为普遍。马家窑文化的制陶业相当发达，以丰富多彩的彩陶著称于世。此外，这一时期的墓葬制度也日趋成熟，主要为土坑墓，形状有长方形、方形、圆形等多种。

博物馆小剧场　　马家窑居民的日常

1 爸爸说要给我家盖一间圆形的房子。要知道，我们村的房子大多数都是方形半地穴式，圆形的从来没见过。爸爸说这种房子要完全建在地面上，就是不知道好不好搭火塘。

2 我发现爸爸妈妈每天都特别忙。爸爸要忙着种地、收地，有时候还要去打猎。妈妈忙着织布、做衣服，还要去采集各种果子。我呢，主要以玩为主，当然偶尔也会去河里抓鱼，给家人改善伙食。

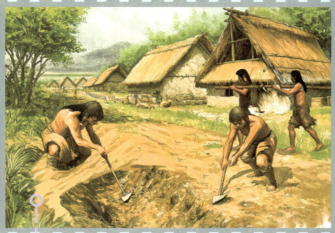

3 每到农闲的时候，村里人晚上就会聚到一起，又是演奏乐器，又是唱歌、跳舞。我妈妈是村里最会跳舞的，而我爸爸最擅长乐器，他经常吹的六孔鱼形陶埙是他亲手烧制的。

4 我们村房屋后面是一片墓地。今天，村里最富有那家的爷爷去世了，全村人都去参加葬礼。他家陪葬了好多陶器、生产工具，还陪葬了一只羊。要知道，我们普通人家一年都舍不得吃一只羊呢！

马家窑文化不仅为我们提供了史前时期众多神秘的经济、宗教和文化信息，而且孕育了中国画最早的雏形。特别是在马家窑文化的各类彩陶绘制中，马家窑居民已经开始使用毛笔作为绘画工具，运用线描手法，以黑色为主要基调，基本确立了中国画的基本形式和绘画技法。

历史小百科

马家窑遗址

彩陶艺术的高峰

　　马家窑文化中的彩陶以精品众多、造型独特、制作精美和纹饰丰富而著称，最常见的彩陶器物包括卷沿盆、彩陶碗等。相比之前的彩陶，马家窑文化的彩陶具有明显的创新性和独特性，代表了原始社会时期彩陶工艺制作的新高峰。

欧亚新石器时代陶器之冠

　　瑞典地质学家、考古学家安特生在河南省渑池县仰韶村发现了仰韶文化之后，为了探寻彩陶文化的源头，他于 1923 年来到甘肃和青海进行考古研究与发掘。在这里，他先后发现了马家窑、半山、马厂等马家窑文化遗址。他在随后发表的《甘肃考古记》一书中赞叹："彩陶精美绝伦，堪称欧亚新石器时代陶器之冠。"

菱格纹双耳彩陶罐

第十一节

良渚文化

　　良渚文化因 1936 年首次在浙江良渚遗址被发现而得名，起始于距今 5300 年左右，结束于距今 4300 年左右，主要分布在太湖至杭州湾一带。考古学家认为良渚文化是由崧泽文化发展而来的。良渚文化时期的手工技艺相当高超，出现了璧、琮、冠形器、玉镯、玉钺等多种精美的玉器，同时，以灰黑陶和黑皮陶为主要类型的陶器也制作得十分精良。

　　良渚文化的经济较为繁荣，涵盖了农业、渔猎、纺织、竹编、木工、玉器加工等多种行业。良渚文化的农业以种植水稻为主，并开始使用三角形犁形器、破土器、耕田器等制作精良的农具。此外，良渚居民已经掌握了饲养家蚕的技术，并能使用蚕丝制作丝织品。

博物馆小剧场　良渚文化时期繁荣的经济

1 今年是个丰收年，爸爸和叔叔们种植的水稻产量极高，收获的粮食不仅足够我们一大家子吃，还剩余了不少。听爸爸说，他打算拿剩余的粮食与其他氏族的人交换生活用品呢！

2 农业上的大丰收，离不开新农具的研制。我们村里有很多能工巧匠，他们不仅研制出了松土的破土器、犁地的犁形器，还有用于翻地的耕田器。有了这些新农具，真是方便又省力气呀！

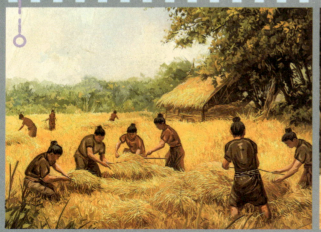

3 除了农业，大家还搞起了副业。比如我爷爷擅长竹编，编出来的筐、篓、簸箕等，精美又好用。而邻居家的爷爷是一位木匠，无论是盖房子，还是制作箱子、柜子，统统拿手！

4 前几天，妈妈给我做了一件丝织的衣服，又轻又软，漂亮极了，伙伴们都羡慕得不得了。妈妈说我养的蚕帮了大忙，因为衣服面料就是用它们吐的丝织成的。这也太不可思议了吧！

　　良渚文化遗址是人类早期文化遗址中较为著名的一处。2019 年 7 月 6 日，"良渚古城遗址"被正式列入《世界遗产名录》，这进一步证实了中国拥有五千年的人类文化发展史，并标志着中国五千年的文化史再次得到国际社会的广泛认可。良渚文化是中华文明的重要组成部分，对龙山文化以及夏、商时期的文明发展均产生了深远的影响。

历史小百科

陶刻纹宽把杯

世界第一片丝绸

　　从 1986 至 1987 年间，在良渚遗址墓葬出土的随葬品当中，发现有丝绢样式的丝织品残片。这些丝织品的制作过程为先缫后织，工艺精湛。这是我国目前发现的最早的丝织品。据专家推算，其年代距今大约在 5200 年至 4700 年之间，具有极高的历史价值。因此，这块丝绢也被誉为"世界第一片丝绸"。

良渚器物上的"原始文字"

　　文字是人类步入文明社会的重要标志。在良渚文化时期，一些玉器、陶器上已经出现了数量可观的具有表意作用的刻画符号，考古学家称之为"原始文字"。
这些"原始文字"被认为是中国成熟文字的前奏，对于研究中国古代文字的起源和发展具有重要意义。

第十二节

红山文化

文物档案

名　称：玉龙

出土地：内蒙古自治区翁牛特旗

特　点：由墨绿色的岫岩玉雕琢而成，周身光洁，躯体卷曲若钩。

收　藏：中国国家博物馆

红山文化距今 6000 年左右，与仰韶文化年代相近，且地域相邻，两者间有着相互吸收与融合的关系。红山文化因在内蒙古赤峰市敖汉旗境内的红山遗址被发现而得名。红山居民大多居住在半穴居式房屋中，他们主要从事农业生产，并饲养猪、牛、羊等家畜。所使用的农具包括掘土用的石耜、收割用的双孔石刀，以及加工谷物用的石磨盘和磨棒等。红山文化的陶器以泥制陶和夹砂陶为主，其中"之"字形纹彩陶、彩罐、彩盆、彩瓮等是红山文化区别于其他文化的重要标志。红山文化的制玉工艺也相当发达，出现了玉龙、玉龟、玉鸟等兽形玉器，并且红山居民还掌握了初级的冶铜技术。在墓葬方面，红山文化盛行积石冢的葬俗。

博物馆小剧场　　祀神器玉龙的诞生

1 我是村里制玉技术最精湛的工匠。大巫师委托我制作一件玉龙，用来祈祷风调雨顺。我先把一块玉石磨成龙的基本形状，再用粗麻绳进行一番精细打磨，玉龙就做好了。

2 就在我忙于制作玉龙的时候，其他村民已经下田开始收割庄稼了。今年的麦子大丰收，家家户户都早出晚归，忙得不行。我们创新制造的双孔石刀可是发挥了大作用，割麦子便利极了。

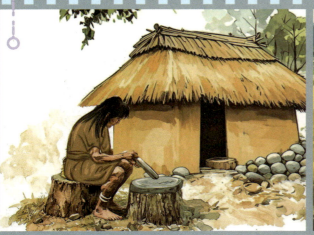

3 玉龙制作完成后，大巫师就开始祭天了。祭天的土台上，摆放着精美的陶罐、陶盆，里面盛装着宰杀好的家畜和粮食。一切就绪后，大巫师手握玉龙，向上天祈祷风调雨顺。

4 不好！大巫师用玉龙祭天，被邻近部落的人知道了。他们的族人最近鬼鬼祟祟的，频繁出现在我们村外。大巫师建议首领加深壕沟，预防外族入侵。对，我们的好日子谁也不能破坏！

　　红山文化虽然深受中原仰韶文化的影响，但它也有自己的特色，比如新工具双孔石刀的创造，以及彩陶"之"字纹的创新。红山文化的玉石制作工艺达到了史前文明的顶峰，其中出土的玉龙被誉为"中华第一龙"，成为中华龙文化传承的重要依据。部落周边长达 600 余米的壕沟与大规模窑址的发现，证明了红山文化已出现了早期城市的雏形。

历史小百科

玉龙

"红山"的传说

　　"红山"的原名叫"九女山"。传说在远古的时候，天上的九个仙女触犯了天条，西王母大为震怒。九个仙女在惊慌失措之际，不小心打翻了红色的胭脂盒，盒里的胭脂全部撒落在了英金河畔，形成了九座红色的山峰。从此以后，这些山峰便被称为"红山"。

中华玉龙之乡

　　红山文化与良渚文化被誉为是中国古代的两大玉文化中心，出土了大量上古时期的玉器。1971 年，红山文化的典型代表——"红山文化玉龙"，在内蒙古赤峰市的一处红山文化遗址中被发掘，这使得内蒙古赤峰市翁旗乌丹镇被誉为"中华玉龙之乡"。玉器在古代常被用作巫师的祭祀用具，大量玉器的出土，不仅体现了红山文化祭祀文化的繁荣，也展现了其独具特色的部落文明。

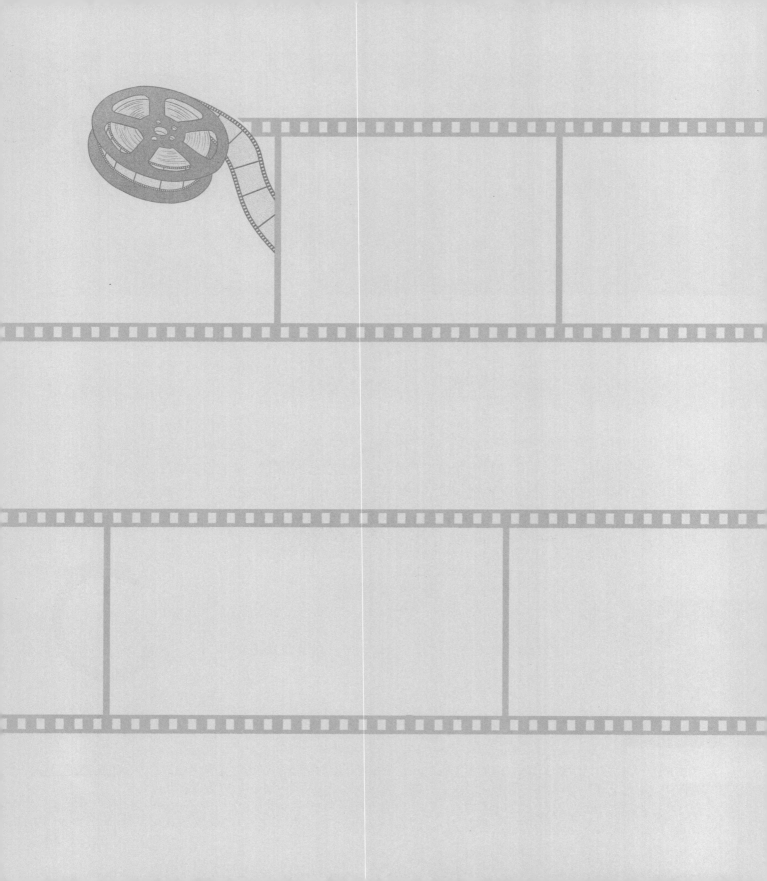

第二章
开启华夏文明的上古传说

第一节

尝百草的神农氏

文物档案

名　　称：带藤条骨耜（sì）
出土地：浙江省余姚市河姆渡村
特　　点：由大型偶蹄类动物的肩胛骨加工而成。用于平整土地、铲草、覆种。
收　　藏：余姚市河姆渡遗址博物馆

传说上古时代，中华民族始祖部落的首领受鸟筑巢的启发，构木筑巢，使部落从穴居转为巢居，这位首领因而被族人称为有巢氏。有巢氏的儿子钻研出钻木取火的方法，被称为燧人氏。燧人氏的儿子继任首领后，带领族人征服了周边上百个部落，并综合各部落图腾，推出新的图腾"龙"，他就是伏羲氏。伏羲氏的后裔中有部分人迁居于姜水（今陕西关中清姜河），因善用火，首领被称为炎帝。第一任炎帝非常善于农耕，就是神农氏。传说，神农氏头生双角，极具创造能力。他制作耒（lěi）耜等农具，教会民众种植黍、稷等作物，还设立市场进行物品交换，烧制陶器用于蒸煮与收纳，制造弓箭用于狩猎和防御。为解除族人病痛，神农氏亲尝百草寻找草药。在神农氏的领导下，炎帝部落成为黄河流域最强大的部落。

博物馆小剧场　　为民造福的神农氏

1 今年少雨，土地干燥，耕种黍、稷非常吃力，但又不能不种。幸好神农适时发明了耒耜。哈！这可解决了大问题，连像我这样年纪大的人使用耒耜翻地都觉得很轻便。

2 耒耜如此好用，我决定再做一把，只是还缺少材料。刚好神农开设了一个可以交换物品的市场。在市场里，我用粮食和猎物换到了制作耒耜要用到的兽骨。太好了！这下，我可以开工了。

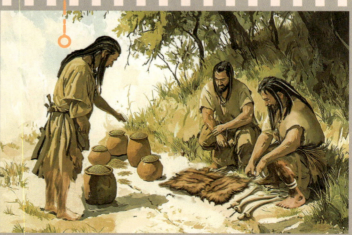

3 一名猎户向神农诉说他的苦恼：随着猎人增加，野兽变得稀少又难以捕猎。没过多久，神农便发明了一种能够远距离猎捕野兽的弓箭。他真的太厉害了！

4 有人不幸被野兽咬伤，生命垂危。神农从动物吃野草疗伤的行为中得到启发，尝试用草药救治那个人。神农成功了，那个人被救活了。自那以后，神农经常上山品尝各种野草，研究它们的药性，为大家研制草药。

　　神农氏尝百草，创造农具、炊具、礼乐等传说被诸多典籍所记载。传说神农氏在尝百草时不幸中毒身亡，但他的创造精神与进取精神、敢为人先的奉献精神，却逐渐成为华夏民族的宝贵精神基石。他宽厚、仁爱、刻苦、勤劳的品德深深植根于华夏族的性格谱系之中，成为华夏人民效仿的楷模。神农氏对中华民族的道德品质养成起到了重要的启蒙和教化作用。

历史小百科

现代人还在使用的伏羲发明

　　上古时期，人类捕获浅水区的鱼类难度很大，因为只能使用石头磨制的矛。一天，伏羲观察到蜘蛛结网后飞虫会自动落入网中。这给了他很大的启发。于是他使用窄藤条，按照蛛网的样子编织出了一张藤网。接着，他又用长短不一的竹竿制作了一个吊装藤网的架子，一个非常实用的捕鱼大网就诞生了。这种鱼网的形式，直到今天还在被人们使用呢。

神农架的由来

　　传说神农发誓尝遍世间所有植物，验证哪些可食用，哪些可入药。神农尝百草时，常随身携带一种叫作"查"的草来解毒。一次，神农品尝一种开着黄色小花的植物，叶子刚入嘴，还没来得及吞下"查"，就中毒身亡了。后人为了纪念他，将他攀崖采药的地方命名为"神农架"，并尊他为药王神。

第二节

炎黄大融合的华夏民族

　　传说伏羲氏的后裔中，有部分人迁移到了黄河流域的轩辕丘，在那里建立部落。这个部落的首领常以黄天厚土养育万物的恩德教化民众，被族人称为黄帝或轩辕黄帝。与黄帝部落同脉相承、同属黄河流域的炎帝部落，在传至第九代炎帝榆罔时已衰落。炎帝部落与黄帝部落为争夺牧场、水源发生了阪泉之战。最终，黄帝部落取胜，并收服了炎帝部落，形成新的炎黄部落。不久，向东扩张的炎黄部落与蚩尤率领的东夷九黎部落，因争夺中原地区在涿鹿发生激战。蚩尤联合南方苗蛮部落，与炎黄部落战斗了十多天。最终，炎黄部落利用大雾天气，再加上指南车的辅助，战胜了蚩尤部落。炎黄部落合并了东夷和南方各个小部落，形成了最早期的华夏族。

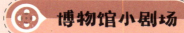

博物馆小剧场　　**华夏民族的形成**

1 炎帝部落遭到蚩尤入侵，炎帝向我求援。话说之前，他的部族为了争夺土地还与我打得不可开交呢。最后，我把他们围困在阪泉之谷三年才收服了他们。现在我们是关系亲密的盟友。

2 蚩尤部落铸造出坚硬的铜质武器，他的九黎族81个兄弟部族也都骁勇善战，确实很难对付。苗蛮部落居住在南方山地，擅长山地战。因此，我选择平坦的涿鹿之地与他们一决雌雄。

3 没想到，我们接连吃了败仗。蚩尤的大巫师制造大雾弥漫战场三天三夜，想困住我军。关键时刻，大臣风后根据北斗星的启示造出指南车，我们才得以走出迷雾，并一举诛杀了蚩尤。

4 打败蚩尤后，我让九黎族选出新的首领统领东夷各部。接着，我们联合他们一起收服了南方几百个氏族部落。从此，大家都是华夏一族的族人了，这回不用担心异族间争地盘了！

　　华夏民族的概念是从炎黄二帝与蚩尤大战时开始逐渐形成的。华夏民族是汉族的前身。涿鹿之战不仅实现了华夏民族的大融合，还使得先进的生产力得以快速传播，从而加快了社会从奴隶制向封建制转变的进程。华夏民族形成之后，炎黄部落和蚩尤部落被尊为华夏族的共同祖先，这使得华夏族人口基数迅速扩大，为后来中原地区国家的形成创造了必要的条件。

 历史小百科

华夏族的由来

　　"华"在中国古代寓意着地位崇高。甲骨文记载的祭祀、庆祝等重大活动中，"华"字经常出现。居住在中原地区的先民为了区别游牧民族（古称东夷、南蛮、西戎、北狄），称自己为中华。古时，"华"与"夏"为同义词，孔子还为此作过标注。所以，中原民族又称华夏族。黄帝统一四方后，各民族统称为华夏族。

黄帝的传说

　　相传，黄帝的母亲名叫附宝。一天晚上，附宝看到一道电光环绕着北斗枢星，随即那颗枢星掉落了下来，附宝由此怀孕。附宝怀胎二十四个月才生下黄帝。黄帝天赋异禀，刚出生几十天就会说话。后来，黄帝继承了父亲少典有熊国君的王位，并壮大了自己的部落，成为华夏民族的共主，被尊为"人文初祖"。

第三节

简朴勤政的尧

文物档案

名　称：尧庙

特　点：始建于晋，距今 1700 多年。原址在汾河以西。庙内有殿宇 100 余间，还有 10 多座石碑，记载了尧的丰功伟绩。

地　点：山西省临汾市尧都区

　　尧是黄帝世家帝喾的儿子，20 岁时代替兄长帝挚成为华夏族最大部落的首领。当时，华夏族各部落纷争不断，尧便率领族人联合友邦四处征讨，最终统一了华夏族几百个部落，形成了新的部落联盟。这个联盟地域广阔，所辖人口众多，为了便于统一管理，尧首创了按政务任命官员分管联盟的制度。他将联盟按方位分成 4 部分，由羲仲、羲叔、和仲、和叔 4 位大臣管理。天下稳定后，为了不误农时，提高耕种效率，尧又命令这 4 位大臣计算出春分、秋分、夏至、冬至的日子，确定年时和四季。他还命令鲧治理四方的洪水，以扩大各部落的生存区域。为了听取民间的声音，尧设立了诽谤木，让民众可以自由发表意见。尧年老时，听取了四位大臣的举荐，立以孝道闻名的舜为首领，开创了禅让制的先河。

博物馆小剧场　　可作为君王典范的尧

1 我们有尧这样的首领，真的很幸运。之前华夏族各部落天天打仗，谁都没有好日子过。是尧率领族人统一了几百个部落，还制定了让各部落停止战争的法案。我们终于有了好日子。

2 为了更好地管理各个地方，尧任命 4 位大臣分别管理四方。这四位大臣在尧的授命下不仅勤勉治理，还确立了四季时令，又教授我们按时令耕种。农作物产量上去了，我们更没必要四处争夺田地了。

3 连续几十天的降雨，使多地发生了严重的洪灾。尧派有治水经验的鲧带领我们，没日没夜地担土石，筑堤截水。堤坝越垒越高，洪水被挡住。水患得到缓解，我的农田总算保住了！

4 为了积极听取大家的意见，尧在府邸设置"谏之鼓"；担心大家不知道府邸在哪儿，又在主要路口设置了"诽谤木"，并安排专人听取并传达民众的建议。尧这样做，是真心实意想听我们的心里话啊。

　　尧帝把天下分成 4 部分，首创了天子之下分管四方政务的主要官职，这使部落联盟逐渐形成了国家的雏形。他命人制定了历法，有效缓解了洪灾，还设立了"谏之鼓""诽谤木"（后称华表），积极治理四方并及时了解民间的疾苦。尧帝厉行节俭、勤政爱民，为后世的帝王树立了典范。他的禅让行为体现了"以人为本，不计出身"的民主思想，对于当今社会同样具有重要的借鉴意义。

 历史小百科

尧出生的传说

　　传说，帝喾的第三位妻子名叫庆都。有一年春天，庆都在三河上游游玩时，突然遇见一条赤龙。第二天，赤龙再次现身。当天夜里，庆都在半梦半醒之间感觉一条赤龙向她飞来。醒来时，她发现身边有一张画像，上面画着一个皮肤赤红、英姿勃发的男子，旁边还题写着四个大字：亦受天佑。不久，庆都怀孕了。经过十四个月的漫长等待，她生下一个儿子，其相貌竟然与画像上的男子一模一样。这个孩子就是尧。

"洞房花烛夜"的由来

　　传说，住在仙女洞中的鹿仙女因降伏了欺压百姓的黑龙而深受人们爱戴。一天，尧前来拜访她，不料途中被黑虎仙变化成的巨蟒所伤。幸亏鹿仙女及时赶到，救下了尧。尧和鹿仙女一见倾心，互诉衷情，很快便确定了婚期。新婚之夜，夫妻二人把仙女洞作为新房，对面蜡烛山上的光华将仙女洞照得如同白昼一般。据说，这便是"洞房花烛夜"的由来。

第四节

孝感动天的舜

文物档案

名 称：陶拍子

出土地：郑州市大河村遗址

特 点：为制陶工具。当陶器还未干时，用陶拍子击打坯表面以加强陶胎的密度。

收 藏：河南博物馆

舜幼时便失去了母亲。面对继母和同父异母弟弟的百般刁难与迫害，他始终尽心尽力地侍奉父母，爱护兄弟。舜的高尚德行吸引了很多人迁居到他的住所附近，渐渐形成了一个很大的村落。尧帝在晚年时寻找有才德的继任者，4位大臣一致举荐了以孝道著称的舜。尧帝便命舜摄政3年，以考察他的治理能力。经过3年的考察，舜展现出卓越的才能，最终继任华夏族首领。舜继位后，任命禹、皋陶、伯夷、契、垂等人分别负责治理水土、田畴、农耕、教化、刑法、秩序等政务，并3年考察一次他们的政绩。为了更有效地管理天下，舜把天下分成12州，每州设州牧进行管理；设百官长百揆，以协助自己处理政务。舜还减轻刑罚，以流放等处罚代替肉刑。舜晚年时把首领之位禅让给了治水有功的禹。

博物馆小剧场 舜的德政天下

1 舜曾饱受继母和同父异母弟弟的折磨，他们甚至多次想要害死舜，但是舜照样孝敬父母，善待弟弟。这份孝心，估计天地都会感动吧！尧帝选天下贤良继位，非舜莫属。

2 舜当上首领后，担心偏远地方出现问题不能及时得到解决，便把天下分成12州，还选贤良之人辅助他管理各州。他委派22名官员，分别负责治水、教化、刑法等各项政务。舜还每3年就考察一次官员的政绩，好决定赏罚。

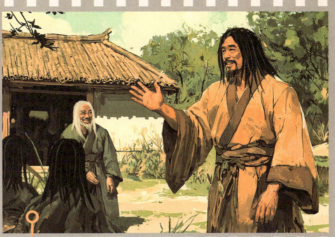

3 我因为赡养战死士兵的双亲，被推荐担任12州牧之一。我处理的第一个案子是一桩伤人案，按照舜帝减轻刑罚、注重教化的原则，我判罚犯人给独居老人担水一年。

4 舜年老的时候，要在大臣中选拔一位百揆来协助自己治理天下。治理洪水使百姓安居的禹，在百姓中的呼声最高。不久后，禹被选为百揆。而舜则在禹接任后不久就退位了，把首领的位置禅让给了禹。

舜被儒、墨两家思想视为鼻祖，他的孝行与德政深受诸子百家的推崇。舜把天下分成12州，又设立22名官员分管各种政务，进一步规范了国家框架。他执政期间，遍施恩德于民，减轻刑罚，开创了德治的先河。同时，他命禹治水，成功根治水患，安定天下。舜帝是上古时期最成功的帝王，他设定的制度框架成为后世帝王执政的蓝本。

📍 历史小百科

《二十四孝》第一孝

相传，舜小时候常遭受父亲、继母与同父异母弟弟象的迫害：舜修粮仓时，家人撤去梯子并放火，好在舜用斗笠作翼跳下，得以逃生。舜挖井时，家人用土封井，舜因为事先在井壁上凿出通道，得以躲避。事后，舜不但不记恨，还一如既往地善待他们。舜的孝行感化了家人，也令天帝动容。天帝派来大象替他耕地，命百鸟代他锄草。

善于发明的舜

传说舜在成为首领之前，是东夷部落中烧陶的高手。当时，井甃（zhòu）的制作工艺相当复杂。井甃是一种高约半米、直径与井口相同、厚度约拇指宽的大型陶环，主要用于防止泥土落入井中。舜凭借聪明才智，想出了用模具批量生产泥坯的办法，从而大大提高了井甃的生产效率。

陶环

第三章
中国历史上第一个国家的兴衰

第一节

在洪水中诞生的夏朝：
大禹治水

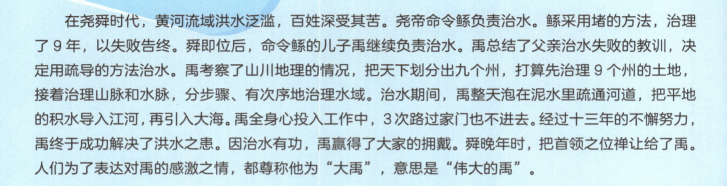

　　在尧舜时代，黄河流域洪水泛滥，百姓深受其苦。尧帝命令鲧负责治水。鲧采用堵的方法，治理了9年，以失败告终。舜即位后，命令鲧的儿子禹继续负责治水。禹总结了父亲治水失败的教训，决定用疏导的方法治水。禹考察了山川地理的情况，把天下划分出九个州，打算先治理9个州的土地，接着治理山脉和水脉，分步骤、有次序地治理水域。治水期间，禹整天泡在泥水里疏通河道，把平地的积水导入江河，再引入大海。禹全身心投入工作中，3次路过家门也不进去。经过十三年的不懈努力，禹终于成功解决了洪水之患。因治水有功，禹赢得了大家的拥戴。舜晚年时，把首领之位禅让给了禹。人们为了表达对禹的感激之情，都尊称他为"大禹"，意思是"伟大的禹"。

博物馆小剧场　　**大禹治水手记**

1 "不好了！堤口又被水冲开了！"就在父亲研究如何堵住下一个缺口的时候，一名工人大喊着冲了过来。9年了，父亲治水一直没有成功。也许他的方法是错误的，可是他太固执了，完全听不进去我的意见。

2 舜帝让我接替父亲治水，我得找个更好的解决办法。我拿上准绳和规矩，准备好好测量下山川的地势，决不能像父亲那样蛮干了。把水道疏通了，让水自然流入大海，才能真正战胜洪水。

3 我根据山川地理情况，把天下分成 9 个州。我先治理 9 个州的土地，把它们弄得平整。然后再治理山脉，打通了 9 条道路，使水可以顺利地往下流。接着治理水脉，疏导了 9 条江河，还为九个湖泊修建了堤坝。

4 我和河工们同吃同睡，没日没夜地干活。我有 3 次经过自己家门口，但都没有进去。经过 13 年的努力，我们终于战胜了洪水，百姓能过上安定幸福的生活了。

　　看了治水的故事，你觉得禹伟大吗？禹治水的成功，不仅改善了人们的生存环境，治水之后形成的大片耕地，也为人口增长创造了条件。因为治水有功，禹在民众心目中拥有了极高的威望，而舜晚年的时候，顺应民意，把首领之位禅让给禹。此外，在禹治水的过程中，形成的民族至上、公而忘私的大禹精神，亦成为中华民族精神的源头和象征。

历史小百科

"鲤鱼跃龙门"典故

　　禹把黄河水疏导到梁山的时候，不巧被梁山北面的龙门山挡住。龙门山那么大，要如何开凿呢？禹选择了最省力的方法，只凿开一个 80 步宽的口子，就把水引了过去。许多逆水而游的黄河鲤到这儿之后，就游不过去了，于是拼命往口子处跳，最后只有少数鲤鱼跳了过去。这就是后人所说的"鲤鱼跃龙门"。相传，鲤鱼只要跃过了龙门，就能化为飞腾的巨龙升空。

筷子的由来

　　据说在禹治水期间，有一次锅中煮着肉，煮熟的肉很烫，禹一心想着快点儿去干活，没工夫等肉汤凉下来再吃，于是砍下两根树枝，用它们把肉从汤里夹出。从那以后，禹练就了用细棍夹食物的本领，他身边的人纷纷效仿。这细棍就是筷子的雏形。

第一节

在洪水中诞生的夏朝：
禹统治下的夏朝

　　禹继承首领之位后，先是率兵讨伐三苗，使天下安定下来，同时提升了自己的威望。之后大禹将有崇氏部落所在的嵩山之阳建成阳城（今河南省登封市告成镇），定为都城，并立国号夏。为了巩固王权，禹召集夏和夷的首领在涂山会盟，这标志着夏王朝的正式建立。

　　夏朝是我国史书上有记载的第一个朝代，也是第一个奴隶制王朝，大约建立于公元前 2070 年。禹在治水的过程中，为了更好地管理，将天下分为 9 个州。涂山大会后，他下令铸造了代表九州的 9 个鼎，象征天下统一。

　　下面就让我们走进博物馆小剧场，感受禹统治下的夏朝吧！

博物馆小剧场　大禹巩固王权的步骤

1 可恶的三苗，在尧帝和舜帝的时候就不消停，现在又来捣乱。再这样下去，大家的日子都过不好。所以，不能忍了！我亲自带兵去征讨三苗，一鼓作气，彻底征服了他们。百姓终于能过上消停的日子了。

2 国家稳定了，大家更加支持我了，是时候好好治理天下了。我发现嵩山之阳是个交通方便、物产丰饶的好地方，就派人到那里建造新城作为都城，至于名字，就叫阳城吧。

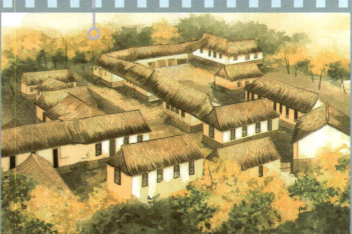

3 周边那么多部落归附了我。他们都对我心服口服吗？我得跟大家讲讲我的治国理念才行。我把大家都召集到涂山，好好开了一次大会。效果不错，大家很认可我！

4 涂山大会之后，为了表达敬意，各部落首领向我进献了很多青铜。我记得黄帝曾经铸鼎庆功，便打算向他学习，把这些青铜铸造成 9 个鼎，象征九州的团结和统一。大家都很赞成我的主意，就这么定了！

　　禹是一位非常了不起的人物，他为中华民族的历史发展做出了巨大贡献。而他的重大功绩不仅在于治理洪水，发展国家生产，让人们过上安定的生活。更重要的是，他建立的夏朝结束了中国原始社会部落联盟的社会组织形态，创造了"国家"这一新兴社会组织形态，以文明社会代替野蛮社会，极大地推动了中国历史的发展。

历史小百科

上古时的三苗是怎么回事？

　　三苗是传说中黄帝至尧、舜、禹时期的部落，主要分布在现在的长江中游以南一带。尧舜时期，三苗就因为作乱，曾被多次征讨。到了禹时期，三苗再次作乱，禹带兵与他们进行了 70 多天的大战。自此三苗彻底衰微下去，史籍中没有再提及他们的活动轨迹。近年有学者认为，苗族就是三苗的后裔，不过也有学者持不同看法。

关于九鼎的传说

　　传说，工匠们铸鼎第二年，天上突然出现异象，一连 9 天，白天都能见到太白星。群臣议论纷纷，谁也不知是福还是祸。这时候大臣施黯来报："九鼎铸成了！"禹高兴极了，将白天见到太白星当成鼎铸成的预兆，认为这是一个极好的兆头，就让大家把九鼎运到了都城。

第二节

奴隶制度的确立

禹晚年的时候，根据上古时代传下的禅让制传统，推荐皋陶为继承人。结果，皋陶早早就去世了。禹又推举伯益为继承人，伯益曾辅助禹治水，是一位贤能的人。禹的儿子启虽然也获得了提名，但因为功绩不如伯益，最终伯益胜出，被确认为继承人。可是那个时代，传统习俗已渐渐被新观念取代，禹死后，启就对伯益展开了攻击。起初，伯益成功平息了启的叛乱，还将启关押起来。但后来，启在强大的夏后氏及其支持者的拥护下，扭转了局势，最终杀死伯益，夺取了夏朝的王位。

让我们走进博物馆小剧场，看看这场激烈的权力争斗吧！

博物馆小剧场　王位之争

1 听说父亲准备把部落首领的位子禅让给皋陶。这真是众望所归啊！要知道，皋陶可是历经了尧帝、舜帝至今三代，资历与父亲不相上下。而且他一直执掌刑罚，以公正闻名天下。他可是我的偶像啊！我支持他！

2 皋陶去世令我很伤心。没想到，父亲竟然选了伯益当继承人。他有什么优势呢，虽然他和父亲一起治水的时候表现不错，但我也不差啊！父亲为什么不多考虑考虑自己的儿子呢？这个禅让制一点儿也不好！我不服！

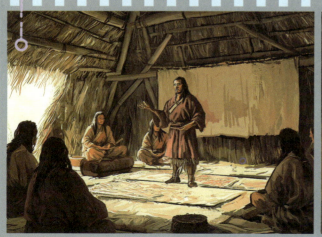

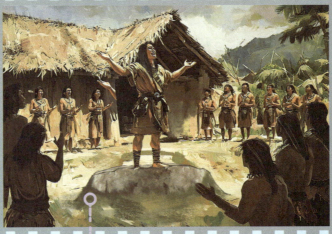

3 父亲生前一直劝我接受伯益，我也不好发作。现在父亲去世了，身边的人都支持我，我当然要拿回属于我的东西。只是没想到，伯益的军队实力那么强大，我失败了。现在我被关在土牢里，真不甘心啊。

4 哈哈，笑到最后的才是赢家！没想到，我的部下一直没放弃我，搬来了我们夏后氏的援兵。他们救出了我，还打败了伯益。现在，天下是我的了！

　　夏启通过武力成功夺位，打破了以往以贤能为标准的领袖选拔方式，标志着中国历史上的政权更替由禅让制向世袭制转变，开启了王位由一个家族世代承袭的先例，对中国政治制度的更替发展产生了深远的影响。此外，夏启的夺位加强了中央集权，促进了社会结构和治理体系的变革，为后续中国历史的发展奠定了基础。

历史小百科

夏朝的兵器

　　在夏朝，弓箭是一种重要的兵器。士兵们通过弓箭进行远程攻击，打击远处的敌人。此外，刀、剑、长矛等近身武器，也发挥了广泛的用处。由于夏朝时人们掌握了冶铜技术，因此武器的质量和类型较之前都有了很大程度的提高。

夏朝的监狱

　　夏朝时，监狱被形象地称作"圜（yuán）土"，即在地下挖出圆形的土牢，或者在地上用泥土筑成圆形的土墙，用来囚禁囚犯，阻止他们逃跑。此外，中国古代监狱最早就出现在夏朝，史籍中也有"皋陶造狱"的说法。

第二节

奴隶制度的确立：
讨伐有扈氏

　　夏启通过武力夺得夏朝王位，引起一些部落的不满。其中有一个部落实力雄厚，并且对王位虎视眈眈，它就是有扈氏。一次，夏启在钧台宴请各个部落首领，有扈氏以夏启破坏禅让制为由拒绝参加，公然表示不服统治。为了巩固政权，夏启率大军在甘（今陕西户县境，一说河南郑州西，或洛阳西南）与有扈氏展开了激战，这就是历史上著名的甘之战。开战前，夏启发表了一篇《甘誓》，即战前动员的誓词，罗列了有扈氏的罪状，称这场战争是替天行道的正义之战，并且明确了作战纪律，强调军队一定要听从命令，声称会论功行赏，论罪处罚。开战后，双方打得十分激烈，由于夏军训练有素，很快便将有扈氏杀得大败而逃。夏军一直打到扈地，杀了有扈氏首领。夏启取得了最终的胜利。

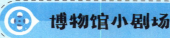

博物馆小剧场　　激烈的甘之战

1 自从启当了我们的大王，有扈氏那边经常不服从大王的安排。大王本来想借着钧台之宴安抚一下大家，没想到有扈氏公然不来参加。好吧，管事的把我们都召集起来，告诉我们可能要打仗了。

2 "攻打有扈氏，是替天行道……"今天，我们就要出发去攻打有扈氏了。开战前，大王罗列了有扈氏的众多罪行，还说会论功行赏！不用再说了，必须好好教训有扈氏！

3 有扈氏好厉害啊！开头几次交锋我们吃了点小亏，不过很快我们就占了上风，毕竟我们也身经百战。这场仗打了很久，双方都有损失，我的好多伙伴不是战死了，就是受了重伤，可我们始终没彻底征服他们。

4 大王觉得没有打败有扈氏，是因为自己的德行和能力不够，所以在休战的时间里，他积极地征求贤人能士的建议，就连我们这些小兵，也都尽力善待。

　　甘之战的胜利，扭转了中原地区纷争不断的局面，也巩固了夏王朝的政权。甘之战是中国历史上极为重要的一次战争，它代表着原始部落中的禅让制复苏失败，自此中国正式进入奴隶制国家阶段。夏启的王位虽然是靠抢夺得到的，但他能够积极提升自己的德行和能力，做到德行配位，也不失为一位明主。

历史小百科

战斗动员令

　　夏启讨伐有扈氏是强强对决，但是留下的史料记载并不多，如今可知的主要有夏启的战斗动员令，即记载在《尚书》里的那篇《甘誓》。夏启在《甘誓》中告诉士兵们，他们要在一个叫"甘"的地方和有扈氏决战；有扈氏罪恶滔天，攻打他们是替天行道；在战斗中努力战斗的会有赏赐，反之会受到惩罚。可见，当时的夏启已经拥有了最高领袖的权威。

有扈氏的传说

　　有扈氏是夏朝时的一个重要部落，定居在今河南原阳一带。他们可能是上古少昊大帝后代中嬴姓的后代。也有人认为，有扈氏与夏后氏都姓姒，或许有着相同的祖先。据传，有扈氏战败后沦为牧奴。也有文献记载称，他们向北迁移至易水一带。

第二节

奴隶制度的确立：
武观之乱

文物档案

名　称：夏代镶嵌绿松石兽面纹铜牌饰
出土地：河南省洛阳市偃师区二里头夏都遗址
特　点：盾牌形，框架内有由绿松石粘嵌成的
兽面，可能是一件佩饰。
收　藏：二里头夏都遗址博物馆

　　夏启平定了有扈氏的叛乱，维护了中原地区的稳定局面。在他的精心治理下，夏朝的经济、文化等都达到了前所未有的高度。到夏启晚年的时候，随着他掌控权力的能力减弱，国家出现的问题也越来越多，其中最难解决的是，他的5个儿子谁也不服谁，都想争夺王位。武观是夏启最小的儿子，也是最有头脑的。早些年的时候，他因为王位之争被夏启安置到西河一带反省。结果，武观在放逐期间拉拢当地部落积蓄了不少力量。夏启十五年，武观趁夏启外出巡游的时机起兵叛乱，企图武装夺权。由于预谋已久，加上士兵骁勇善战，叛军接连取胜，夏启的儿子元康、伯康均被武观所杀，夏朝的统治几近瓦解。危难之际，夏启命彭伯寿挂帅出征，才扭转战局，最终平息了武观的叛乱。

 博物馆小剧场　处心积虑的五王子

1 前段时间，五王子武观总是煽动是非，不是说太康王子的坏话，就是造仲康王子的谣言。夏王没办法，只好把他放逐到西河反省。而作为他的手下，我也跟着被放逐了，真倒霉啊。

2 我以为五王子这回总该老实了，没想到，他一到西河就忙碌起来。他先是给这一带的部落首领们送这送那，给他们很多好处，接着就安排我们和部落里的兵将一起训练。他的葫芦里卖的什么药？

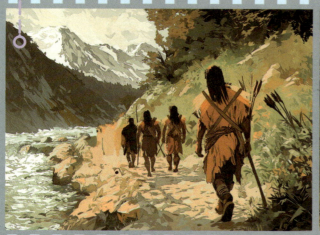

3 "夏王外出游巡了，多好的机会啊！这一仗你们给我好好打，赢了有赏！"突然有一天，五王子下令让我们攻打夏都。啊，五王子还惦记着王位呀。真不想参与他们的兄弟之争，可没办法啊！

4 我们没有别的选择，只能玩命地拼杀，把王军打得节节败退。眼看胜利就在眼前了，彭伯寿率领精兵强将赶来，把我们打得惨败。五王子下落不明，而我和我的战友都沦为了奴隶。

　　武观之乱是中国历史上第一次王子夺位之战，这场叛乱险些瓦解了夏王朝，虽然最后被成功平定，但已伤了夏朝的元气。同时这也给了后世一个警醒，世袭制在权力过渡方面存在弊端。武观之乱为王位争夺之战开辟了先例，后来的皇宫中，相似的悲剧一次次重演。夏启十六年，也就是武观叛乱失败后的第二年，夏启的长子太康继承王位，成为夏朝的第二位王。

历史小百科

彭伯寿是何方神圣？

　　相传彭伯寿是上古时代大臣彭祖的后代，为夏启朝的重臣，负责掌管军队。夏启攻打伯益和平定有扈氏叛乱的时候，彭伯寿曾立下汗马功劳，是夏启最信赖的人。夏启晚年，统治集团内部发生矛盾，武观叛乱，彭伯寿出兵镇压叛乱，说明他的武力值仍然很强大。

西河是个怎样的地方？

　　在古代，西河通常指的是黄河以西地区，位于现在的陕西省韩城一带。考古研究表明，这里和山西南部可能是夏文化的发源地之一，为我们研究夏朝提供了依据。此外，尽管史料中没有详细记载西河地区的自然条件，但根据武观被流放至此一事推测，当时这里的环境条件应该是极为艰苦的。

第三节

后羿代夏

文物档案

名　　称：夏代青铜镞

出土地：河南省洛阳市偃师区二里头夏都遗址

特　　点：器身较宽，长铤。

收　　藏：二里头夏都遗址博物馆

夏启晚年的时候，沉迷于奢侈的生活，逐渐荒废了国家政事。太康继位成为夏王后，沉迷于打猎和享乐，不问朝政，不听忠言，逐渐失去了民心。国家内部矛盾日益激化，同时周围的部落纷纷背叛了夏朝。其中，东夷族有个部落叫有穷氏，他们的首领后羿是个擅长射箭而且心怀野心的人。后羿了解到太康腐朽的统治和夏朝内部的矛盾后，悄悄打起了算盘。趁太康外出狩猎来到有穷氏的地盘，后羿带领士兵拦截太康，阻断了他回国的路。无法回国的太康流落到阳夏，郁郁寡欢而死。太康死后，后羿让太康的弟弟仲康做了傀儡君主。仲康死后，仲康的儿子相继位，但后羿赶走了相，自己当起了夏朝的君王，夏朝的历史到此发生了重大转折。

博物馆小剧场　后羿的野心

1 太康只知道游玩打猎，不管国家政事。看看夏朝的内政一塌糊涂，他哪里像个君王啊？我最近在悄悄练兵，我打算干一件让夏朝惊掉下巴的大事。

2 有情报说，太康正在我们部落的郊外狩猎。好机会啊！我赶紧召集士兵，赶在太康回国之前，截住了他的去路。哈哈！太康果然不堪一击。你瞧，他逃跑的样子多狼狈！

3 我派手下跟着太康，没想到他一口气逃到了阳夏。既然这么能跑，干脆就别回去了。为了防止他逃跑，我派人盯着他的一举一动。后来听说，没法回国的太康在穷困潦倒中死去。

4 我得沉住气。我先是让太康的弟弟仲康继位当了一阵傀儡君主。等仲康死了，我赶走了新继位的相，自己坐上了夏王的宝座。现在，终于轮到我称王了！

　　"后羿代夏"之所以会发生，完全是因为太康不理国事导致的。他不理朝政，只顾自己游猎享乐，引起了民众的不满，也使得国内矛盾重重，从而发生了政权更迭。而有穷氏的首领后羿抓住机会取而代之，自己坐上了夏王的宝座。至此，"家天下"的夏朝，因为统治者的人心背离，才传位了两任，王位便落入外姓人手里了。

历史小百科

代夏的后羿与射日的后羿是同一个人吗？

　　赶走相、夺得夏朝王权的后羿擅长射箭。而射日的后羿是神话传说中的人物，也擅长射箭。传说，他曾经帮助尧帝射落天上的九个太阳，只留下一个，因此民间流传着"后羿射日"的说法。其实，后者的原型就是代夏的后羿，因其箭术超群，被后人尊为神话人物。

颇具杀伤力的夏朝弓箭

　　在夏朝，弓箭开始在军事中发挥重要作用。工匠们通过改良弓弦和弓臂，让射出的箭更具杀伤力。在河南二里头遗址，出土了大量青铜制造的镞。镞就是箭头，说明在夏朝，已经有人用青铜器制造弓箭了。配有青铜箭镞的弓箭，因箭矢具有一定质量，所以射程较远，杀伤力更大。

第四节

寒浞篡位夺天下

文物档案

名　称：夏代七孔玉刀
出土地：河南省洛阳市偃师区二里头夏都遗址
特　点：玉呈墨绿色，刀口扁平，刀背上有排成一条直线的 7 个等距圆孔。
收藏：洛阳博物馆

　　寒浞本是伯明氏族人的后代，从小性情顽劣，胡作非为，13 岁时被族长驱逐了。后来，寒浞遇到了后羿。后羿很赏识他的聪明才智，将他收为义子。寒浞为了留在有穷氏，一面讨好后羿，博得信任；一面通过在战斗中立功，提升自己的地位，直至当上了有穷部落位高权重的相。后羿当上夏王后，渐渐沉迷于玩乐，把大权交给了寒浞。寒浞趁机拉拢朝中大臣，培养自己的势力。与此同时，他与人合谋，陆续害死了后羿身边的许多亲信大臣，逐步削弱后羿的势力。最终，寒浞将后羿杀害，自己当上了夏王。夺得大权后，寒浞丝毫不敢大意，一面残忍屠杀有穷氏的族人，以绝后患；一面出兵攻打夏后氏的统治区。最终，寒浞将前任夏王相及其族人全部杀死，至此完全统治了夏朝。

 博物馆小剧场　步步为营的寒浞

1 有一天，寒浞把我们几个叫来，讨论刺杀后羿的事情。说真的，这么做挺危险。但寒浞可不是好惹的，谁要是整砸了，一定没好下场。我们只能全力配合。

2 根据计划，寒浞以各种理由陆续处死了后羿身边的亲信。一天夜里，我听到后羿的寝宫里传出一阵打斗声，第二天后羿就死了。寒浞在朝堂上宣布了后羿的一大堆罪状后，就自己当了王，还把国号改为寒。

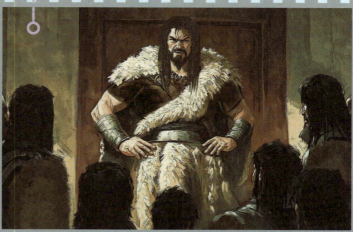

3 当上王的寒浞马上给我们下达了一个极其残忍的命令：屠杀有穷氏！无论是大人还是孩子，一个不放过。真的太残忍了！一夜之间，有穷氏族人像消失了一样，再也没人见到过。

4 消除了有穷氏的隐患，寒浞仍然不能安心，因为他听说了一件事——被赶出京都的相又集结了一股势力。所以，寒浞带领我们向夏朝残余力量发起了攻击。整整 3 年啊，夏后氏族人估计没活着的了吧？

　　寒浞是夏朝时期的篡位君主，通过政变夺取政权，并成功统治夏朝近 60 年，结束了自太康失国以来的分裂局面，促进了中原地区的统一和民族融合，具有一定的历史贡献。然而，因为寒浞的人品极差，不仅靠阴谋手段夺取政权，而且为人为残暴，为后世史学家所不齿。因此在历史记载中，他往往被排斥在正统帝王之外，甚至被称为"奸雄"。

历史小百科

恩将仇报的寒浞

　　小时候的寒浞仗着自己身强体壮，经常胡作非为，惹得四邻不安，族长无奈之下只好将他驱逐出境。被逐的寒浞半路上遇到一户人家。主人见寒浞聪明能干，便收他为徒。一年之后，寒浞学成出师，因为担心师父再收其他弟子，就用毒药杀害了师父一家，还一把火烧掉了师父家的房子。

七孔玉刀的象征作用

　　刀作为战争武器，在夏朝已被广泛使用。而这把七孔玉刀，由于其玉的材质，并不适合作为实用的武器。考古学家认为，此把玉刀既拥有武器的外观，又拥有精湛的工艺，很可能是战争中作为王权或力量的象征物。

第五节

少康的复国大计

文物档案

名　　称：夏代石钺
出土地：河南省洛阳市偃师区二里头夏都遗址
特　　点：石材厚重，通体光滑，造型精美。
是一种礼器。
收　　藏：中国考古博物馆

　　就在寒浞消灭了夏朝的残余力量、高枕无忧地享受着权力的时候，夏后氏唯一的血脉少康，正一步步走上复国之路。少康是夏王相的遗腹子。相被杀之际，他怀有身孕的妻子从墙洞逃出，回到娘家有仍氏部落，并在那里生下了少康。

　　少康从小听母亲讲述他的身世，立志要复兴夏朝。长大后，他在外祖父有仍氏部落担任牧正。为了躲避寒浞的追杀，他一面隐姓埋名，一面暗暗练习带兵打仗的本领。后来，寒浞派来的人追杀到有仍氏，少康只好逃到有虞氏部落。有虞氏首领虞思很认可少康，不仅把两个女儿许配给少康，还赐给了他纶邑封地和士兵。自此，少康拥有了自己的军事力量。

博物馆小剧场　　**少康的复国大计**

1 我一出生就没有父亲。长大一点后，母亲告诉我，我的父亲是曾经的夏王相。是寒浞杀了我的父亲，还对我们的部族大开杀戒。母亲好不容易才逃到有仍氏部落，生下了我。

2 听说寒浞一直在派人追杀我，所以这些年，我和母亲一直隐姓埋名，躲在外祖父的部落里。我做了牧正。我一边放牧耕种，一边抽空练习带兵打仗的本领。我不仅要保护好自己，还要为将来做好准备。

3 还没等我强大起来，寒浞的人便查到了我的下落。寒浞的儿子浇派人到有仍氏搜捕我。为了不连累外祖父和母亲，我只好独自逃到有虞氏部落。

4 有虞氏的首领很欣赏我，让我担任庖正，掌管部落的膳食。后来，他还把两个女儿许配给我，并给了我方圆十里的土地和五百名士兵。我每日加紧练兵，感觉复仇之路越来越顺畅了！

　　少康作为夏王朝王室唯一的血脉，他没有忘记自己的身份和使命，时刻谨记祖辈遭受的耻辱，不断让自己变得强大。在有了自己的军队之后，他开始积极宣扬先祖大禹的功德，这为他赢得了大量民众的支持。与此同时，散落在各地的夏朝旧臣也纷纷前来投奔少康。他的复国之战一触即发。他能成功吗？

历史小百科

作为权力象征的石钺

　　石钺最早出现在仰韶文化时期，它的前身是作为生产工具的石斧。后来，随着时代的发展和需要，石钺逐渐演变为武器。再后来，石钺成为权力和威严象征的礼器，主要由酋长、部落首领、王等使用。除了石钺，还有玉钺、青铜钺等。

牧正和庖正是干什么的？

　　在夏朝，"正"是官职名的通称，君王下面最重要的官员就是"三正"和"六事之人"。"三正"指的是牧正、车正、庖正，分别负责畜牧、车马和炊事。少康先后担任过牧正和庖正，可见他在基层得到过充分的历练。

第六节

少康中兴的局面

文物档案

名　称：夏代涂朱玉璋
出土地：河南省洛阳市偃师区二里头夏都遗址
特　点：玉制，上涂红色，由器身、柄、阑（柄
　　　　与身的交接处）组成。
收　藏：首都博物馆

　　少康在拥有根据地和军队后，开始谋划复国大计。面对实力远远超过自己的寒浞，少康决定智取，他先是拉拢周边小部族壮大自己的武装力量，再派遣女艾潜伏到浇的身边。通过里应外合，少康成功消灭了寒浞的两个儿子浇和豷（yì）的势力，最终活捉了寒浞。

　　经过一系列精心策划的行动，少康联合夏朝旧臣的力量，成功夺回了夏朝的政权。在纶邑建立新的都城后，少康发扬先祖的美德，勤政爱民，大力发展农业与水利，改善百姓的生活，获得了人民的拥戴，历史上称这段时期为"少康中兴"。

　　下面让我们走进博物馆小剧场，领略这段波澜壮阔的复国往事吧！

博物馆小剧场　复国后的中兴之路

1 这几年我体察百姓疾苦，宣传祖先大禹的功德，民众都期盼我能复国。现在，老臣伯靡带着夏朝遗民们归来，发誓要助我一臂之力！我的力量日益壮大，一切的努力都没有白费！

2 和寒浞比起来，我的实力还是太弱了。现在夏国的土地和人口比我父亲那会儿多得多，所以硬碰硬肯定不行。我找到了机智勇敢的女艾，派她去夏国做探子。所谓知己知彼，这很重要。

3 女艾不负所望，很快帮我探到消息，配合我打败了寒浞神勇无比的儿子浇。要知道，浇可是寒浞的左膀右臂呢！我的儿子杼也是好样的，带兵打败了寒浞的另一个儿子，把艾国收了回来。接下来，寒浞，等死吧！

4 在老臣伯靡的协助下，我带兵包围了寒浞的老巢。这时候的寒浞已经年老体弱，又失去了两个儿子的助力，毫无招架之力。哈哈，我终于夺回了属于我们夏后氏的权力！

　　少康复国之战是一场以弱克强、以少胜多的战斗，整个过程中充满曲折，动用了许多谋略，但最关键的还是少康获得了民众和夏朝旧臣的广泛支持与拥护。从"后羿代夏"到"少康中兴"前后约有百年时间，几位君主多次发动战争，才获得政权。无论是后羿代夏，还是寒浞代后羿，或是寒浞灭亡，历史都在告诉我们：人民的拥护才是掌握并稳固政权的关键所在。

历史小百科

传奇女间谍女艾

　　少康在实力远不如寒浞的情况下，思来想去，想到了利用间谍获取敌方情报的办法。那时候，少康身边有一位忠实的女仆人，名字叫女艾。她智勇双全，甘愿为少康冒险。女艾成功潜到浇的身边，不仅取得了他的信任，还源源不断地将重要情报传递给少康。最终，她与少康联手一举消灭了浇。女艾可以说是世界历史上第一位女间谍。

老臣伯靡

　　伯靡原是夏朝的重臣，后羿代夏后，伯靡被迫为后羿服务。后来他遭受到寒浞的迫害，不得不逃到有鬲氏部落避居。在有鬲氏的支持下，他开始积极寻找斟灌氏、斟鄩氏等夏朝的遗民，为夏后氏的复国大业做准备。而此时，少康也正在有虞氏部落发展力量。两人取得联系后，配合作战，逐步瓦解了寒浞的政权。

第七节

夏王孔甲乱政

文物档案

名　称：夏代鳄鱼骨板
出土地：陕西省榆林市神木市石峁遗址
特　点：板上有许多小孔，另一半有凸起的直脊，为礼器。
收　藏：陕西历史博物馆

　　孔甲是夏朝正统第 13 任夏王，按理说，他应该是第 11 任夏王，可是由于生性好玩、迷信鬼神，因此他的父亲不降没有传位给他，而是把王位传给了自己的弟弟扃（jiōng）。扃死后传位给自己的儿子胤甲，胤甲死后才轮到孔甲继位。胤甲执政的时候，恰逢连年干旱，很多人不是饿死就是病死。大臣们认为，这是因为没有让孔甲继位，惹怒了上天，所以遭到了惩罚。于是在胤甲死后，大家便拥护孔甲继位。孔甲继位后举行了隆重的求雨仪式，结果很快下起大雨来。旱情得到了缓解，民众纷纷对孔甲表示感谢。然而，这件事却让孔甲更加迷信鬼神，整天沉迷于各种荒诞不经的活动中，最终导致朝政荒废，国家陷入一片混乱之中。

博物馆小剧场　　迷信的孔甲

1 作为王子孔甲的护卫，我深知他的性情。孔甲生性喜欢玩乐，又过度迷信鬼神，对朝政并不上心。先王担心他治理不好国家，就没有传位于他，而是传位给了自己的弟弟。

2 胤甲当王的时候，天下连年大旱，许多人不是病死就是饿死，百姓生存越来越艰难了。这时候就有大臣提出，说大旱是因为没有让王子孔甲当王，惹怒了上天导致的。

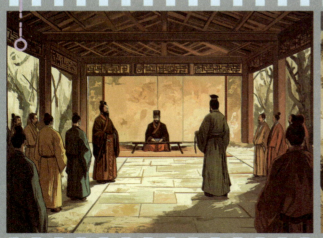

3 胤甲死后，王子孔甲在大臣们的拥护下当上了王。他继位后，为了缓解旱灾，举行了隆重的祈雨仪式，天上竟然真的下起了大雨。大家越来越拥护大王，而大王也更加迷信了。

4 有了祈雨成功的例子，大王变本加厉地迷信，以为有鬼神相助国家就能好，终日沉迷于敬奉鬼神的活动，完全不问朝政！这样下去，国家真的要败在大王的手里啦！

孔甲一方面不顾国情，铺张浪费，极尽所能地敬奉鬼神；另一方面又肆意淫乱，沉湎于歌舞升平之中，不问朝政。各个部族由此心生不满，纷纷叛离夏朝，民众也不再拥戴他。《国语·周语》记载："孔甲乱夏，四世而陨。"意思是，孔甲乱了夏的朝政，之后只过了四代，夏朝就灭亡了。可见，治理国家必须以民为本，并采取科学有效的策略。

历史小百科

中国历史上第一首歌

孔甲曾在打猎途中收养过一个孩子，并打算在孩子长大后，授予他官职。可是天有不测风云，有一天，孩子被落下的斧头砸断了脚踝。孩子长大后，孔甲只好让他做个守门人。这件事让孔甲很受触动，于是作了一首名叫《破斧》的歌，感慨造化弄人。据说，这是我国历史上第一首歌。

孔甲养龙的传说

相传孔甲在位的时候，天降二龙。听说一个叫刘累的人会养龙，孔甲便封他为御龙师。谁料没多久，刘累把雌龙养死了。刘累便偷偷把龙肉加工成美食，献给孔甲吃。孔甲感觉味道非常鲜美，又要吃。刘累索性把另一条龙也杀了，做成美食献给孔甲。很快，孔甲发现没龙肉吃了，两条龙也没了，就派人找刘累。而刘累早就溜之大吉了。有学者推断，所谓的"龙"即现在的鳄鱼。

第八节

夏桀的内忧外患：
频繁的对外战争

文物档案

名　称：夏代玉圭

出土地：河南省偃师市二里头夏都遗址

特　点：玉制，上部有穿孔，礼器，后演变为权力的象征。

收　藏：首都博物馆

　　夏桀是夏朝最后一位王。他在位的时候，国力不断衰退，周围部落见状也就不来进贡了。可夏桀不思进取，不仅不反思自己执政的问题，反而打起了战争掠夺的主意，企图通过暴力的手段征服对方，并获取财物。夏桀虽然荒淫无道，但是武力值很高。据说，他赤手空拳就可以把铁钩拉直，而且很擅长打仗。夏桀首先攻打的是位于东方的有施氏。有施氏首领畏惧夏桀，只好献出女儿妹喜求和。夏桀看中妹喜的美貌，便撤兵回朝了。后来，好大喜功的夏桀为了炫耀武力并进一步加强对东方的控制，又召集各部落在有仍氏之地进行会盟。其中有缗氏部落的首领对夏桀的做法很不满，并在会盟中途返回。于是，夏桀起兵攻打有缗氏，直到有缗氏献出琬、琰两位美女才罢休。

博物馆小剧场　夏桀的征服战争

1 最近各个部落都怎么搞的，那么不知好歹吗？又到了进贡的时候，有好几个部落没有进贡，是不把我放在眼里吗？那好，就让他们知道我的厉害！

2 有施氏这么小的部落，对我来说就是手到擒来。我的大军刚到，有施氏就称臣投降了。但我可不能这样就被打发了，于是首领把女儿妹喜进献给我。妹喜可是个大美人，既然他们诚意十足，那就撤兵吧！

3 我的武力值当属天下第一，我要让全天下的人都知道，从此不敢对我不敬！所以我召集各部落首领到有仍氏的地盘举行会盟。没想到，有缗氏竟然中途退场，这摆明了不给我面子啊！打！

4 有缗氏不愧是东方一霸，不过，跟我作对还是太弱了。当我率领大军杀过去的时候，首领还不是献出琬和琰两位美女来投降吗？话说她们真漂亮，都把妹喜给比下去了！

　　夏桀不修内政，反而频繁发动战争，攻击周围的部落。战争耗费了众多的人力、物力、财力，加重了百姓的负担，从而使得人人怨声载道，激化了阶级矛盾。夏桀想以战争的形式彰显自己的权威，短时间内看，确实进一步稳定了他天下共主的地位，但从长远来说，反而加剧了与周边部族的对立关系，为亡国埋下了隐患。

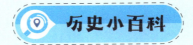

历史小百科

谥号的由来

　　谥号是礼官根据已故帝王的品行和政绩定下的称呼。夏桀姓姒，原名叫履癸，桀为谥号。《康熙字典》上面说，根据追加谥号的准则，把喜好侵略、性情残暴的帝王称作"桀"。由此可推知，夏桀生前有多么残暴。

象征执掌生杀大权的玉圭

　　作为传统礼器的玉圭，最早是由石斧演变而来的。而石斧是狩猎和战斗常用工具，后来逐渐演变为圭，演化为权力的象征。许慎在《说文解字》中提到，"半圭为璋"，诠释了玉圭和玉璋的关系。据分析，玉圭极有可能掌握在夏王手中，而玉璋是部落首领的权器。

第八节

夏桀的内忧外患：
奢侈腐败的内部统治

文物档案

名　称：夏代铜斝（jiǎ）

出土地：河南省洛阳市偃师区二里头夏都遗址

特　点：初为酒具，后为礼器，有三足，器身上有圆纹装饰。

收　藏：中国社会科学院考古研究所

在对外关系上，夏桀习惯用暴力进行征服。而在对内管理上，他骄奢淫逸，不理朝政。太史令终古哭着进谏，劝夏桀以国事为重，但无果。于是，终古投奔了商汤。为了讨妹喜的欢心，夏桀修造了豪华的宫殿，建起了美丽的楼台。担心妹喜想家，夏桀还让人模仿有施氏的房屋，种上奇花异草。同时，他搜罗大量美女日夜歌舞，供妹喜欣赏。妹喜喜欢看人们边划船边饮酒，夏桀便命人修造酒池；妹喜喜欢听绸缎撕裂的声音，夏桀便命人撕毁进贡的绸缎，以博美人一笑。夏桀的荒淫无度，加重了百姓的负担，使得百姓怨声载道。但是他丝毫不顾百姓疾苦，继续加重对百姓的压榨。忠臣关龙逄多次劝谏，夏桀不但不听，还将其杀害。从此，夏桀身边再无进谏之声，围绕他的只有阿谀奉承的小人。

博物馆小剧场　荒淫无度的夏桀

1 大王刚建完楼台，又要造宫殿。太史令哭着跑过来，劝他不要浪费钱财了，国库的钱不多了。大王不但不听，还把太史令推倒了。据说太史令那天之后就离开了都城，去了商地。

2 大王为了讨好妹喜，竟然造了一个大到可以划船的酒池，还请了好多人一同饮酒作乐。再瞧瞧那些各部落进贡的锦缎，都被撕成了一条一条的。大王整日玩乐，国家还有救吗？

3 大王不但不关心百姓，使劲儿压榨他们，还以虐待他们为乐。前几天，他竟然在人群中放出猛虎，自己站在高处看人们逃命的狼狈样子。天啊，这哪有一国之君的样子啊！太恐怖了。

4 关龙逄是出了名的忠心耿耿。今天，他又来劝大王不能这样荒废朝政、伤害百姓了。可没想到的是，大王竟然把关龙逄给杀了。大王这么残暴，我真怕在他身边哪天小命就没了。

　　精彩的小剧场就到这里了！夏桀的荒淫无度不但败坏了君王的威严，还加重了百姓的负担，动摇了国家的根基，使得夏王朝内部矛盾重重，面临着随时被推翻的危机。可是夏桀完全看不见这些，还把自己比作太阳，认为王朝绝不会灭亡。正是这样的无知心理和暴虐无道的做法，给夏朝的统治带来了毁灭性的灾难，一场惊天巨变正悄悄降临。

历史小百科

"时日曷丧"一词的由来

　　夏桀曾说："我和人民，就好比太阳和月亮，现在月亮没有灭亡，太阳会灭亡吗？"后来成汤派人把夏桀这句话转告给夏朝百姓，谁知他们听了这话，气得指着太阳咒骂："如果太阳能灭亡，我这个月亮愿意同它归于尽！"这便是"时日曷丧"的由来，表达了百姓对夏桀极度的憎恨，愿意与他一同毁灭心情。

"红颜祸水"第一人

　　妺喜原本是有施氏首领的女儿，后被父亲献给夏桀。夏桀对美丽的妺喜喜爱不已，为了讨妺喜一笑，常常一掷千金。也有资料记载，称妺喜是有施氏的间谍，她与商朝的伊尹密谋，使夏朝走向了灭亡。

第四章
甲骨文和青铜器时代

第一节

商族的起源

　　商族原是东夷族的一个分支。在商族的神话里，上古首领帝喾（kù）有一位叫简狄的妃子。一次，简狄洗澡的时候，一只玄鸟飞下来产了一枚蛋。出于好奇，简狄把那枚蛋给吃了，之后便生下了契。契就是商族的始祖，这也是为什么商族会把玄鸟作为图腾的原因。相传，契曾帮助大禹治水，被封于商邑，建立了商部落。也是从这一个时期起，商部落开始由母系氏族社会向父系氏族社会过渡。契的后代驯服了牛马，又发明了车，于是商部落的商业贸易发展了起来。随着商业的发展，商族积累了足够的财富和资源，逐渐拥有了竞争优势，为其军事扩张提供了基础。之后，商族的版图也不断扩展，延伸到东方的泰山一带。

博物馆小剧场　我们商族的生活

1 天气真好啊，我得出去放牧啦！咦，那只鸟的颜色真漂亮！听过简狄吞玄鸟蛋生下契的故事吗？我们商族可是玄鸟的后代呢。每次看见鸟，我的内心都充满了崇敬之情！

2 快看，我们的牛马多么强壮，我们的车多么牢固！祖先驯服了牛马，又发明了车，太了不起了。现在，我就要学习如何驾驭马车，为以后运东西做好准备！

3 我终于学会驾驭马车了，掌控方向的感觉真好啊。我带着满满一车的谷子去了市场。来这里交易的人可真多，货物也特别丰富，我的谷子很受欢迎，毕竟吃饭可是头等大事呀！

4 突然，有一支队伍从兵营里走了出来，很威武的样子。听说他们要向泰山一带进军。这些年，我们商族通过商业贸易积累了财富，军队的实力更强了，我们的版图肯定也会越来越大的。

历史上把商朝早期称为先商时期，在这一时期，农业、手工业和畜牧业都得到了一定程度的发展。同时，商族人通过驯服牛马和驾驭车辆，进行商业贸易，由此积累了大量财富。丰富的物资储备，不但增强了商族的财力，也为他们日后扩张版图奠定了坚实的经济基础。

历史小百科

中国第一位驯兽师

相传，相土是商族的第三任首领。他身材高大，常常与野马、野猪等动物搏斗。在这一过程中，他想到如果能将野马驯服，一定对族人有所帮助。于是，经过无数次的尝试与努力，相土终于成功驯服了野马。这一成就也使他成为中国历史上第一位驯兽师。

商族人是因为做生意才叫商的吗？

关于商族为什么被称作"商"，主要流传着两种解释：第一种解释说，商族早期的活动地域是"商丘"一带，因此得名商族；而另一种解释，就是源于商族人与商业的联系。不过，在学术界，第二种解释远没有第一种有影响。

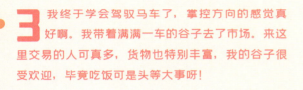

第二节

成汤灭夏

文物档案

名　称：商代原始瓷尊

出土地：郑州市商都国家考古遗址公园

特　点：盛酒的器具。圆肩，鼓腹，胎色灰白。

收　藏：郑州市文物考古研究院

　　契的第十四代孙叫成汤。成汤当上商部落的首领后，对待百姓很宽厚，因此深得人心。成汤有了百姓的支持，又得到了伊尹的辅助，便开始做攻打夏朝的准备，比如大力发展农耕，积极训练军队。这时候，夏桀察觉到商部落对他的威胁，就假借召成汤入朝的名义，设计将他囚禁在夏台。商部落的大臣们想了很多种办法，才成功解救了成汤。成汤一回到商地，就积极做攻打夏朝的部署。他听从伊尹的建议，先通过停止朝贡，试探夏桀的反应。夏桀想率军征讨商地，却无法调动九夷部落。伊尹认为时机成熟了。成汤在誓师大会上，宣布讨伐夏桀是替天行道。之后，夏、商两军在鸣条相遇，商军士气高昂，而夏军都不愿再为夏桀卖命，纷纷临阵脱逃。夏桀最终逃亡到南巢，在那里郁郁而亡。

博物馆小剧场　　**替天行道的灭夏之战**

1 我们的首领真是太有眼光了，竟然发掘了伊尹这样的贤人。在伊尹的协助下，首领下令大力发展农耕，积极训练军队，使我们商族一天比一天强大。用不了多久，我们就能与夏桀一较高下啦。

2 就在我们积极准备的时候，夏桀突然召见我们的首领。就连我这个小兵都觉得一定不是什么好事，但首领别无选择。结果，一到夏都首领就被囚禁了。好在，经过大家的不懈努力，最终首领被放了回来。

3 重获自由的首领发誓要打败夏桀。他先是召开了誓师大会，告诉我们：攻打夏桀是一场正义之战。我们相信首领的话，高呼着"必胜"，就朝着夏都出发了。

4 我军和夏军在鸣条相遇了。我还以为要苦战一场，谁知，夏朝的士兵都不愿再为夏桀卖命，纷纷丢下武器，主动投降。至于夏桀，听说他逃到了南巢一带，最后病死在那里。哈哈，我们终于成功了！

　　鸣条之战是成汤打败夏桀的重要一战，标志着中国历史上第一个王朝的灭亡，为商朝的建立打下了基础。成汤之所以能够成功灭夏，不仅仅因为他发起的是"替天行道"的正义之战，更重要的是，在备战过程中，成汤对子民实施仁政，以及任用贤才，积极提升自身实力，这些才是作战取胜的法宝。

历史小百科

夏灭亡之谜

　　据《竹书纪年》记载，夏桀得到琬和琰两位美女后，冷落了妹喜，并把她安置在洛水一带。妹喜心生怨恨，于是开始和商汤的大臣伊尹秘密来往，向他泄露夏朝的重要机密。在妹喜和伊尹的联合努力下，夏朝的弱点被商汤利用，最终导致夏朝灭亡。

商朝有壮行酒吗？

　　商人喜欢饮酒，酒在日常生活中也占有重要的地位。壮行酒是出征前用来鼓舞士气的仪式性饮酒。虽然目前没有史料证实先商时期存在喝壮行酒的仪式，但考虑到当时盛行的饮酒风气，以及饮酒能够振奋精神的作用，可以推断，出征前士兵喝壮行酒的可能性是存在的。

第三节

商朝的建立与兴起

文物档案

名　称： 商代息鼎
出土地： 河南省罗山县后李村
特　点： 圆体，沿耳，腹内壁刻有"息"字。"息"为商时期的诸侯国。
收　藏： 中国文字博物馆

商汤灭夏之后，建立了商朝。之前商汤为了灭夏，把都城从商丘（今河南省商丘市睢阳区西南）迁到亳（今河南省商丘市虞城县）。灭夏期间，商汤迁都于偃师（今河南省洛阳市偃师区西）。商汤灭夏后，又把都城迁回了亳。商汤吸取夏桀的教训，大施仁政，获得百姓一致拥戴，使得政权得到了巩固。在治国方面，商汤求贤若渴，虚心采纳臣子们的建议，伊尹、仲虺（huǐ）等贤臣纷纷归于麾下。他还制定了《官刑》管理百官，要求官员们勤政为民，否则就会严加惩办。农业方面，商汤鼓励百姓耕种，关心收成，还减轻百姓的赋税。在商汤的仁政下，商朝的农业、手工业迅速发展起来，还出现了以桑、麻为代表的经济作物。

博物馆小剧场 　商汤统治下的国家

1 下雨啦，下雨啦！大王不忍心用活人做祭品，就牺牲自己，结果感动了上天，求得了大雨！他还废除了苛刻的刑罚，像炮烙这样的酷刑，我们再也见不到了！

2 听说了吗？大王为了听取伊尹的建议，亲自驾车去见他呢！伊尹原本只是个奴隶呀，大王任人唯贤，不计较出身，给每个人展现才华、实现抱负的平等机会。大王如此贤德，有才能的人都愿意辅佐他！

3 大王竟然派人指导我们耕地了。他还经常过问粮食的收成情况，好感动啊！大王鼓励我们耕种，还减轻了税赋。遇到这样的好的大王、好的政策，我们还有什么理由不努力呢？

4 当了官就等于享福吗？在商朝可不是哟！大王制定了《官刑》，规定官员不能沉迷玩乐，如果官员不能为我们老百姓办实事，就会受到处罚。这样的朝廷，真是百姓之福呀！

　　商汤建立商朝后，一改夏桀的残暴统治，对人民施行仁政，从而获得了人民的支持和拥护，稳定了统治。他减轻赋税、推动生产，为商朝的经济快速发展提供了保障。此外，商汤听取了很多有利于推动国家发展的意见，进一步提升了国力，让商朝一步步走向强盛、繁荣。商汤统治时期，私有制度逐渐完善，社会进入以奴隶制度占主导地位的时代。

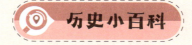
历史小百科

商汤祈雨的故事

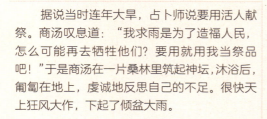

　　据说当时连年大旱，占卜师说要用活人献祭。商汤叹息道："我求雨是为了造福人民，怎么可能再去牺牲他们？要用就用我当祭品吧！"于是商汤在一片桑林里筑起神坛，沐浴后，匍匐在地上，虔诚地反思自己的不足。很快天上狂风大作，下起了倾盆大雨。

商汤驾车见伊尹

　　商汤为了得到伊尹的帮助，派彭氏之子驾车，亲自去拜见伊尹。彭氏之子不理解，认为伊尹只是个奴隶，商汤没必要亲自去见。商汤告诉他，伊尹好比是对国家有益的良药，是宝贵的。于是商汤让彭氏之子下车，亲自驾车去拜见了伊尹。

第四节

伊尹辅政下的商朝：
伊尹辅政

文物档案

名　称：商代兽面纹提梁卣（yǒu）
出土地：郑州市向阳回族食品厂
特　点：盛酒器，外形修长，器身呈圆形，通体饰满花纹。
收　藏：河南博物院

　　商朝的建立，伊尹给予了商汤极大的扶持与帮助，因此深受商汤的信任。商汤临终时，嘱托伊尹辅佐继任的商王。史书记载，伊尹被视为天下的楷模，他的话被视作天意；同时，他也被誉为至高无上的师者，用崇高的教义教导着人民。伊尹先后辅佐了外丙和仲壬两位君主。当商朝第四位君主太甲继任时，由于太甲年龄尚小，四朝元老伊尹依旧承担起辅佐的重任，并撰写文章规劝太甲谨记祖先的优良传统。起初，太甲还能恪守礼法，谨言慎行，但渐渐地，他变得傲慢自大，不再把奴隶出身的伊尹放在眼里。因为太甲一味享乐，破坏礼法，导致朝政混乱，百姓苦不堪言。伊尹不愿看到商朝的基业毁于太甲之手，无奈之下，将太甲放逐到商汤陵墓附近的桐宫，让他好好反省。

◉ 博物馆小剧场　　伊尹的良苦用心

1 我本是个奴隶，要不是先王器重，不可能有今天的地位，所以我必须尽全力辅佐每一位君王，才对得起先王的知遇之恩。外丙和仲壬两位君王虽然没有太大功绩，但也算守住了先王的基业。

2 太甲刚即位的时候，年纪尚小，所以我根据祖先的优良传统，援引商朝的法制，又把历史上贤君的事迹讲成故事，希望好好引导他做一位优秀的君王。太甲的确做到了恪守礼法、谨言慎行。

3 没想到，太甲上任的第三年就开始放飞自我，不但破坏了商朝的礼法，还沉迷享乐。他不把我放在眼里没关系，但是朝政被他搞得一团糟，百姓怨声载道，我不可能坐视不理。

4 太甲这个样子和夏桀有什么区别？必须得让他好好反思一下自己的所作所为才行。我决定把他放逐到先王陵墓一带的桐宫，让他在祖先的墓前好好思过！什么时候想明白了，什么时候再回来。

伊尹作为商朝四朝元老，他所创下的功绩以及在民众心中的地位已经无人能及，甚至超越了商王。然而，他始终感念商汤的知遇之恩，全心辅佐几代商王，从无僭越之心。放逐太甲实属无奈之举，但这一举动使得当时混乱的朝政得以恢复，也给了太甲改过自新的机会。这是伊尹为商朝的社会稳定和持续发展做出的又一重大贡献。

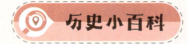

历史小百科

是金子总会发光

相传，伊尹一出生便是有莘国的奴隶。虽然身份低微，他却拥有高尚的道德品质，还掌握了深奥的治国方法。求贤若渴的商汤听闻了他的名声，就带着贵重的财物三番五次地前往有莘国，诚心聘请伊尹。有莘王提出了一个条件：商汤必须娶自己的女儿，才能带走伊尹。商汤为了得到这位贤才，毫不犹豫地答应了。最终，伊尹以陪嫁奴隶的身份，来到了商汤的身边。

商朝的青铜铸造工艺

兽面纹提梁铜卣是一种专门用于盛酒的礼器。商朝时，整个社会都崇尚饮酒，同时盛行尊神重鬼的观念，因此卣作为礼器，在当时的祭祀中占据了重要地位。该卣全器由青铜制成，外形修长、做工精美，通体饰满精美的花纹，可见商朝青铜铸造工艺之高超。

第四节

伊尹辅政下的商朝：
伊尹摄政

　　伊尹将不思进取的太甲放逐之后，面对商朝无主的情况，毅然代行君王权力，主持国家政务。在伊尹摄政当国期间，商朝一步步走向繁荣稳定。为了教导太甲，伊尹撰写了《伊训》《肆命》《祖后》3篇文章，用以告诫太甲腐败是丧国之本，劝诫他要多多听贤能之士的话，明辨是非。当时，太甲被安置在相当简陋的桐宫中，这样的环境使他远离了各种诱惑。在桐宫中，太甲每天守着祖辈的陵墓，读着伊尹所写的训词，内心逐渐平静下来。太甲在桐宫一住就是3年。这3年里，他认真学习，脱胎换骨。最后，伊尹把政权交还给他，自己则继续履行辅佐的职责。太甲以过去的事情为师，把国家治理得井然有序，使得百姓安康、诸侯臣服，商朝自此进入了鼎盛时期。

博物馆小剧场　**功成身退的伊尹**

1 太甲毕竟是先王的孙子，我放逐了他，自己摄政当国，难免会遭到非议。但是我相信，只要做出政绩，把商朝带向繁荣，总有一天大家都会理解我的。

2 除了处理好国家的政务，我认为让太甲早日洗心革面同样重要。因此，趁着政务不太忙的时候，我先后为太甲撰写了《伊训》《肆命》《祖后》这些文章，希望他能静下心来，认真读一读，理解我的良苦用心。

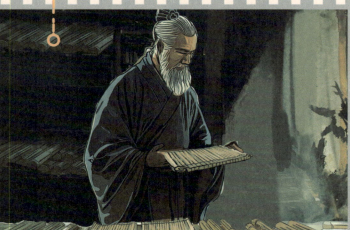

3 听我派去监视太甲的人回报，太甲的变化非常大，他每天都很用心地学习，我给他写的文章，据说他看了一遍又一遍。看来，我的努力没有白费。我决定再多观察一阵子。

4 整整3年了，是时候把太甲迎接回来了。我亲自带着大臣们前往桐宫，把他接回了宫里，还安排了郑重的仪式，正式把政权交还给他。这次，太甲没有让我失望，他把国家治理得井井有条。

　　伊尹在摄政治国期间，用实际行动证明了他的卓越能力和对商国上下的深切关怀。在此期间，伊尹始终不忘积极教导太甲，希望太甲能早日洗心革面，重新执掌商国的大权。放逐太甲3年后，伊尹亲自前往迎接太甲回归，使太甲重获王权，而自己则退居臣子之位，这一举动再次证明了伊尹的忠心和贤能。而太甲知错能改，最终成为一位有所作为的君王，引领商朝走向昌盛。

历史小百科

古老的甲骨文

　　商朝时还没有发明纸张，那么人们在哪里写字呢？据考古发现，商朝时有一种刻在龟甲或兽骨的文字，被称为甲骨文。甲骨文是我国目前发现的最古老的成熟文字，被视为汉字的源头。不过，据学者分析，商朝大篇幅的政令、条文及文章等，很可能是写在木条或竹子上的。只是由于年代久远，这些写在木条或竹子上的文字没能流传下来。

充满智慧的陶鬲

　　鬲是古人日常生活中常用的炊器。陶鬲的设计看似普通，其实充满了智慧。它的三足设计，可以稳稳地将陶鬲撑起，既稳固又实用。为了让容积足够大，陶鬲被设计得十分圆鼓。此外，抬高陶鬲的高度，还能让它更好地受热，缩短烹饪时间，提高烹饪效率。

第五节

太戊中兴

　　雍己是太甲的孙子。他做商王的时候，昏庸无能，不理朝政，导致商朝走向衰败，周围的诸侯都不愿意前来进贡。雍己去世后，他的弟弟太戊继位。太戊吸取雍己不思进取的教训，决心秉承商王朝的优良传统，任用伊尹的儿子伊陟（zhì）为国相，又请巫咸辅佐朝政。在伊陟和巫咸共同的辅佐下，太戊引领一度衰败的商朝再次兴盛起来，诸侯们也重新归顺。

　　在政治制度方面，太戊改革了官制，明确了不同官员的职能，使朝政更加有序。在经济方面，太戊时期的农业和手工业得到了显著发展，商业活动也越发活跃，并出现了用于交易的海贝、铜贝等贝币。此外，太戊还注重土地的改革，推行了著名的"井田制"，这一制度极大地促进了农业生产的发展。

博物馆小剧场　**商朝百姓的日常**

1 前几天，我正准备下田的时候，遇到了邻居大力哥。他赶着牛车，跟我说打算到城里去做生意。大力哥说，现在大王鼓励农业和手工业生产，大家有很多东西可以拿出来交换，有很多商机。

2 大力哥的车上放着一小袋贝壳。他告诉我，大家嫌用货物交换太麻烦了，开始拿这种贝壳作为钱币使用。比如一袋稻米可以换五个贝壳，一个贝壳又可以买两条鱼。啊，现在换东西真的太方便了！

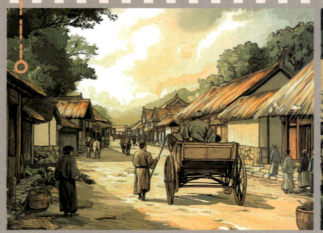

3 大王推行的很多政策都是为我们百姓着想的。就说这个井田制，在共同耕种一块公田之外，每家可以有一块属于自己的私田。这是我第一次有自己的田地，真的太幸福了！

4 今年我家真是双喜临门，不仅田地里的农作物大丰收，我妻子也刚学会了织布技术，现在每天都能织出不少布来。下次等大力哥回来，我就让他帮忙把这些布拿到城里去卖掉。这日子真是越过越有盼头了。

太戊一心致力于朝政，把国家治理得井井有条，人民都拥戴他，诸侯们也纷纷归顺。经过他的不懈努力，一度衰败的商朝又兴盛起来了。根据《史记·殷本纪》记载：太戊振兴了商朝，庙号中宗。这里的"中宗"，指的是带领王朝走向中兴的君主，可见后人对太戊的评价之高。

历史小百科

商代的井田制与甲骨文"田"字

井田制的特点包括土地国有、平均分配、定期轮换及用宗法制维护稳定。甲骨文中的"田"字，其形状像阡陌纵横的农田，与井田制下土地被划分为规则方块、阡陌纵横的形态相似，都体现了古时人们对土地的有序规划和利用。同时，"田"字作为象形字，直观反映了古代农耕文化和对土地的重视，与井田制作为古代重要土地制度的社会经济背景相呼应。

与贝币有关的趣闻

贝壳因其小巧玲珑、色彩鲜艳、坚固耐用、易于计数、获取难度较大等特点，逐渐从先民们喜爱的装饰品演化为钱币，即贝币，来进行商品交换。贝币的使用，对汉字产生了重大影响，凡是与钱、价值有关的字往往都带有一个"贝"字旁，例如"货""财""账"等。此外，商朝人用"朋"作为贝币的计数单位，五贝为一串，两串为一朋。

第六节

争夺王位的九世之乱

文物档案

名　称：商代乳丁纹方鼎

出土地：河南省郑州市杜岭商城宫殿遗址

特　点：祭祀用礼器，高 100 厘米，鼎身
饰有饕餮纹和乳钉纹。

收　藏：中国国家博物馆

　　仲丁是太戊的儿子，商朝采用了"父子相传"和"兄终弟及"相结合的王位继承制度。然而，在仲丁去世后，由于王位继承制度的不明确和混用，继承者们开始凭着自己的实力争夺王位。这种混乱的局面持续到阳甲在位时期，其间其共经历了 5 代人，更换了 9 个王，历史上称这段时期为"九世之乱"。

　　九世之乱期间，贵族内部矛盾激化，社会动荡不安，经济发展出现衰退，边境也频现不稳定因素，战争不断爆发。同时，商朝统治者为了寻找安定、富饶之地，频繁迁都。然而，这一举措不仅没有解决内部矛盾，反而加重了平民的负担。此外，这一时期又出现了洪水等自然灾害，天灾人祸交织，使得百姓生活在水深火热之中。

 博物馆小剧场　水深火热的日子

1 我已经记不清这是我们第几次迁都了，听说大王一直在寻找一个安定又富饶的地方。可是这么搬来搬去，我们的庄稼一次次地荒废，国家怎么富饶得起来呢？

2 王室内部又开始争权夺位了，几年间大王换了又换，政策也是变来变去，这样一来，种地的不能安心种地，做买卖的也没心思做买卖了。现在的大王是祖乙，听说他立志要发展经济，但愿我们能过上好日子吧。

3 这些年周边很不太平，诸侯们都不再纳贡了，各个部落也蠢蠢欲动，趁机发展壮大。为了稳定统治，王室不得不频繁发动战争。你瞧，到处是流离失所的人，真担心哪天战火会蔓延到我们这里来呀。

4 这天夜里，我刚睡下，就被老婆摇醒。天哪，到处都是大水！我们的房子已泡在了水中，庄稼全被淹了，这让我们这些百姓如何好好活下去呀？我们真的太难了！

九世之乱持续了近百年，其间王位频繁更替，都城屡屡搬迁，极大削弱了商王朝的统治力量。四方诸侯不再向商朝纳贡，而周边的部落趁机发展壮大，对商王朝的统治构成了严重的威胁。因此，商王朝不得不频繁发起战争，以维护其统治。然而，商王朝内部的权力之争，加上各种外部因素，不仅让王权越发不稳，更是对百姓生活造成了严重影响，最终导致了商朝根基的动摇。

历史小百科

龙腾之地

祖乙在位的时候，曾派人向北寻找更适宜居住的城市。使者在一个叫邢的地方发现一条龙鱼，认为那里就是龙腾之地，寓意吉祥。于是，祖乙便下令迁都到邢，并派专人饲养这条龙鱼。当时，有位巫师预言："龙鱼活着，国家就兴盛；龙鱼要是死了，就会遇到大洪水。"不幸的是，后来龙鱼真的死了，而邢都果真遭遇了大洪水，被淹没了。

万年历的由来

相传祖乙在位时，有一位叫万年的樵夫，他通过长期观察日影和水滴的变化，发明了计时工具日晷仪和五层漏壶。此外，他还发现一年包含360多天，分为4个季节、12个月份。万年将自己的研究成果献给了祖乙，祖乙深感其贡献之大，便将这套历法命名为"万年历"，以示纪念。

第七节

盘庚迁殷

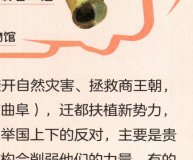

盘庚是商汤的第九代孙，在乱世中继承了王位。为了缓和社会矛盾、避开自然灾害、拯救商王朝，盘庚决定打破原有贵族势力的格局，放弃已经建得很繁华的都城奄（今山东曲阜），迁都扶植新势力，重振朝纲。经过考察，他决定迁都至北蒙（今河南安阳）。可是迁都遭到了举国上下的反对，主要是贵族阶级担心迁都会影响他们根深蒂固的特权和势力，还担心盘庚重组权力结构会削弱他们的力量。有的贵族甚至还煽动百姓一起来反对。无奈之下，盘庚只好宣称迁都是遵循天命，还警告不听话的贵族不要作乱，否则重罚。盘庚迁都北蒙后，将 "北蒙" 改名为 "殷"。他在新都推行改革，减轻赋税，缓和阶级矛盾。同时，他还鼓励百姓发展农业和手工业；利用新都的地理优势，发展与周边的贸易和交流。

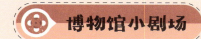

博物馆小剧场　关乎国家命运的迁都

1 王室经历了几代内乱，已经走向衰退。如今国内贵族和平民百姓矛盾重重，自然灾害又频频发生，国家危机重重！我思来想去，唯一能同时解决这些问题的办法，就是迁都！

2 我刚提出这个想法，贵族们就不干了，他们担心这样会削弱自己的势力，何况奄都这么繁华，他们奢侈惯了，哪会答应？你瞧，他们竟然煽动百姓一起抗议，简直无法无天！

3 迁都关系到国家的未来，是大事！于是我派人发出公告，说迁都是遵循天命，不可违背；我还制定了惩罚措施，命令贵族必须服从。这么一来，大家总算愿意迁都了！

4 我们搬到了新的都城。既然决定重头来过，我便从加强中央集权、削弱旧贵族的势力做起。接着，我又推行了一系列改革措施，鼓励百姓勤劳生产，减轻他们的赋税负担，并大力发展贸易。这是一个全新的开始，就看我的吧！

　　盘庚迁都的成功，为商朝带来了更为适宜的发展环境。通过削弱旧贵族的势力，重组权力结构，有效避开了王位争夺的斗争，从而成功扭转了商朝自"九世之乱"以来的混乱局面。迁都殷之后，商朝都城长期稳定于此，人民安居乐业，生产力和生产技术得到了显著的发展，为商朝的复兴奠定了坚实的基础。

历史小百科

商朝为什么又称为"殷商"？

　　自从盘庚迁都到殷后，商朝的都城终于固定了下来，不再频繁迁移。稳定的社会环境为商朝的政治、经济和文化带来了持续稳定的发展。作为商朝都城的殷，逐渐繁荣兴盛，成为当时世界上最繁华的都城之一，也因此，商朝常被后世称为"殷商"。

盘庚迁了两次都城

　　盘庚刚继位的时候，商朝国都在黄河以北。通过一番考察，盘庚决定迁都到黄河以南的商汤故地——亳。在此之前，商朝已经搬迁过多次都城了，民众们对此怨气很大，都不愿意再次搬迁。盘庚只好拿成汤治国的例子劝说大臣和贵族们，最终获得了他们的支持，成功将都城迁到了亳都。后来出于多方原因，盘庚再次迁都，之后商朝的国都就一直在殷。

第八节

商王朝强势续命：
武丁的对内统治

文物档案

名　称：商代"土方入侵"涂朱卜骨

出土地：河南省安阳市殷墟

特　点：牛肩胛骨下部，上面刻满卜辞，内容为商与土方国、方国之间的冲突。

收　藏：中国国家博物馆

武丁是商朝的第23任君主。盘庚去世后，王位由盘庚的大弟弟小辛继承。小辛在位仅3年便逝世了，随后盘庚的小弟弟小乙继位。小乙在位10年间，为了不让儿子武丁荒废在养尊处优的生活中，将年幼的武丁下放到民间，与普通民众一同生活、劳作。这段经历不仅让武丁增长了见识、锻炼了才能，更让他深刻体会到百姓的艰辛。武丁继位之后，一心为复兴商朝做努力。他得到了傅说和甘盘两位贤臣的辅佐，在二人的帮助下，实施了一系列强化王权的措施。他改革了祭祀制度，将神权掌握在自己手中；同时改革了用人制度，强调任人唯贤；还强化了君臣秩序，要求臣子和百姓必须绝对服从君主的命令。此外，武丁还通过封官、联姻、筑城等方式，进一步加强对周边区域的统治和控制。

博物馆小剧场

武丁的强国之路

1 父王真的太有先见之明了。如果不是他把我安排到民间去锻炼，我真不知道平民生活如此艰辛，也发现不了国家管理中存在的诸多问题。因此，我一定要努力让商王朝强大起来，让平民过上好日子！

2 怎样才能让商王朝复兴起来呢？我想了好久，也没想出什么良策，身边也没有贤臣能助我一臂之力。所以，我把政务交给大臣们去处理，自己则静下心来，仔细观察国家的风气和民情。

3 一转眼三年过去了，我终于找到了我想要的贤人。尽管他是一名奴隶，我也要重用他！我给他取名叫傅说。我发现甘盘也是一位难得的贤人。他们给了我很多好的建议，这下，我可以着手行动了！

4 之前由于国家动乱，百姓对君主的信任度大幅降低，周边好多诸侯也不把王室放在眼里。因此，我首先要做的就是强化王权。我通过祭祀天地、慎重用人、颁布明智的政令等一系列措施，逐步重建了王室的权威。

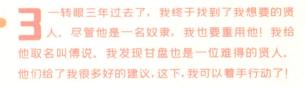

　　武丁因为从小在平民的环境中长大，所以非常能体会民间的疾苦，也更能洞察到管理制度上的不足。在武丁的大力治理下，商朝的综合国力得到了显著增强，政治环境变得稳定而清明，社会呈现出繁荣稳定的景象，边境也安定了下来。商朝的社会经济在这一期时期进入前所未有的发展期，这一现象被后人誉为"武丁中兴"。

历史小百科

"梦"中得到的人才

　　相传武丁继位后，有人向他推荐了一位贤能的人，名字叫说。考虑到说是个奴隶，直接任用难免遭到朝臣的反对，于是武丁灵机一动，以梦见成汤向他推荐一位贤人为由，命令手下人照着梦中贤人的形象四处寻找。最终，有人在一个叫傅岩的地方找到了说，并将说带回王宫。武丁见到说后，便任命他为宰相。

雉雊升鼎的故事

　　有一次，武丁祭祀先祖成汤的时候，突然一只野雉飞上祭鼎并发出鸣叫。这一幕把武丁吓坏了，按照当时的说法，这预示着将会有坏事发生。他的儿子祖己安慰他说："父王不必惊慌，只要我们真心实意为民众办事，一切都会好的。"武丁听后便不再介意了。之后他专心朝政，以德治国，商朝果然很快兴盛起来。

第八节

商王朝强势续命：
平定周边战乱

文物档案

名　称：商代妇好铜钺

出土地：河南省安阳市殷墟妇好墓

特　点：礼器，器身呈斧形，刃口为弧形，正面刻有铭文"妇好"二字。

收　藏：中国考古博物馆

武丁在位期间，商朝经常受到周边部落的侵扰。于是武丁采用逐个击破的策略，并与妻子妇好一同带兵出征。武丁先是多次发兵进攻朔方、土方这两个经常侵扰商朝的部族，并成功将它们征服。随后，武丁又花了 3 年时间，发兵击败了鬼方，暂时解除了这个北部的游牧民族对商朝的威胁。羌方是商朝西部强大的部落，为了应对它的威胁，武丁调集了大量的兵力进行攻伐，其中有一次调动了一万三千人。最终，武丁成功俘获了大批羌人，并将他们充作奴隶。南征方面，武丁深入荆楚之地，击败荆楚军，进一步拓展了商朝的版图。此外，武丁还出兵征伐了夷方、巴方、蜀及虎方等部族，使得商朝的版图不断扩大，同时进一步巩固了商王室的势力。

博物馆小剧场 ▶ **我的征战岁月**

1 下旨这个小小的方国真是闹腾，一会儿臣服一会儿又反叛。正当我派遣大将前去征讨下旨的时候，土方和鬼方竟趁机侵扰我的沚国。这分明是要与我大商为敌啊，那就打它！

2 土方和鬼方的实力不容小觑。我采用分阶段逐个击破的战略，先压制土方，同时稳定方国下旨，接着再进攻鬼方。土方和鬼方竟联手对抗我大商。我只好紧急征调大量士兵，与它们展开较量。

3 战斗进行得相当激烈。也许是祭祀那天我的诚意打动了先祖，3 年后，我们终于取胜，不仅平息了外患，还扩大了商王朝的地盘。真的太开心了！

4 刚安稳没几年，西部的羌方又开始扩张势力，我大商怎能被外族欺负到头上？我的妻子妇好亲自率领一万三千人的军队，出征讨伐羌方。经过激烈的拼杀，我方俘获了大量羌人，使边境重归安宁。

　　面对周边部族的侵扰，武丁采取了积极有效的军事策略，不仅成功消除了周边的隐患，还进一步拓展了商朝的版图，使商朝发展成为一个泱泱大国。在对外战争的过程中，中原地区和周边部族的交流也得到了促进。而武丁之所以敢于发动战争，并取得最终的胜利，与他在内政方面所实施的政策是分不开的。正是因为商朝拥有了强大的综合实力，才能在战争中获得最大的支持和底气。

📍 历史小百科

正在进行占卜的女巫

武丁的将军妻子

　　武丁的妻子名叫妇好，她不仅是一名杰出的军事家，还是中国历史上第一位有据可查的女英雄。根据殷墟出土的甲骨文记录，妇好善于打仗，她率军攻克了周边的许多方国，为商朝立下赫赫战功。值得注意的是，尽管妇好是武丁的妻子，但她并不与武丁住在一起。她拥有自己的封地和财产，是古代少有的独立又有地位的女性。

来头不小的羌方

　　据史料记载，商朝多次征伐羌方，虽然每次战争都以商朝的胜利告终，商朝却从未让羌方彻底臣服。在后来的甲骨卜辞中，仍然出现"征羌""截羌"等词。商朝对羌人的手段也极其残忍，俘虏往往被处以极刑。是什么原因让商朝对羌人有如此大的仇恨呢？历史学家认为，极有可能是因为羌人里混入了许多逃到当地的夏人，羌人因此受到强烈敌视。

第九节

纣王的强势与残暴：
攻伐东夷，开拓疆土

文物档案

名　称：商代"作册般"甗（yǎn）

特　点：祭祀用的器具。铭文记录商朝末年攻打东夷之事。"作册"是商周时的史官名，"般"是官员名字。

收　藏：中国国家博物馆

　　帝辛是商朝最后一任君主，也是我们熟悉的商纣王。据传，商纣王是个才智出众、力大无穷的人。他在位初期，不拘一格重用出身卑微的人才，促使社会稳定，经济持续发展。同时，他发动了一系列战争，加强对周边势力的控制。纣王九年，得知东夷部族要进攻商朝，他亲自率军讨伐，不料路上遭遇盂方部落的截击，只得撤军回朝。纣王十年，东夷叛乱。商纣王先率军击败盂方，然后和攸侯喜的军队在淮河流域会合，共同进攻东夷，最终击溃东夷军队，俘获大量俘虏，并开拓了疆土。纣王十五年，东夷再次侵扰商朝边境，商纣王再次攻打东夷。这次东征虽然最终取得了胜利，但消耗了商朝大量人力和物力，主力部队在东夷战场被牵制太久，导致国内军力空虚。

博物馆小剧场　接二连三的东夷之征

1 东夷频繁侵犯我大商，还拒绝参加我组织的军事演习，这对我大商既是轻视，也是挑衅。尽管东夷势力雄厚，可在我大商面前却算不了什么。与其被动防守，不如主动进攻，就让我整兵练战，打他个痛快吧！

2 根据可靠消息，东夷要入侵我大商。既然如此，我就来他个先下手为强！我率领军队一路向东进发。不料半路杀出个盂方，让我们伤亡惨重。好汉不吃眼前亏，还是先撤军回朝再说！

3 第二年，我再次整兵出征，这一回，我们把盂方打得措手不及。我们的大军一路挺进淮河流域后，与攸国合力进攻东夷。这下，东夷被我们打得毫无还手之力。

4 听说西方的周族蠢蠢欲动，我得赶紧将它扼杀在摇篮里才行。没想到，东夷在这个时候又来闹事。好吧，我就让主力部队再次向东挺进，彻底征服他们再说！

　　商纣王攻伐东夷，不仅让商朝获得了丰富的资源和重要的战略位置，还将商朝的版图扩充至长江流域，促进了当时的交通建设和文化交流。此外，在攻打东夷的过程中，商军获得的大量俘虏，也为商朝提供了充足的劳动力和兵源。然而，东夷之征也严重消耗了商朝的国力，为后来的亡国埋下了隐患。

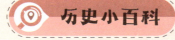

历史小百科

"托梁换柱"

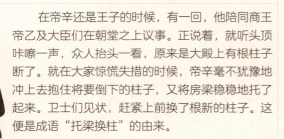

　　在帝辛还是王子的时候，有一回，他陪同商王帝乙及大臣们在朝堂之上议事。正说着，就听头顶咔嚓一声，众人抬头一看，原来是大殿上有根柱子断了。就在大家惊慌失措的时候，帝辛毫不犹豫地冲上去抱住将要倒下的柱子，又将房梁稳稳地托了起来。卫士们见状，赶紧上前换了根新的柱子。这便是成语"托梁换柱"的由来。

东夷与商朝的关系

　　商朝时期，东夷族主要分布在东方一带。关于东夷族与商朝的关系，有观点认为，东夷族为了获取更多的资源和领土，经常侵扰商朝。此外，《左传》中记载着"商纣为黎之搜，东夷叛之"，意思是商纣王打算攻打黎地的周人时，东夷趁机叛乱，表明东夷的叛乱可能与商纣王率军征伐的行为有关。

第九节

纣王的强势与残暴：
残暴亡国的纣王

文物档案

名 称：商代四羊青铜方尊

出土地：湖南省宁乡市县黄材镇

特 点：祭祀用的礼器，四角各塑一羊，是商代青铜方尊中体型最大的。

收 藏：中国国家博物馆

　　商纣王在位后期，荒废政事，而且生活极为奢侈腐败。尽管有臣子大胆进谏，但商纣王一如既往地放纵自我，导致国家政局动荡不安。南征北伐期间，商纣王获得了无数战利品，其中包括一位来自有苏氏部落的美女，名叫妲己。得到妲己后，商纣王更加不理朝政，整天沉迷于酒池肉林之中，过着荒淫无度的生活。此外，他还施用酷刑残害忠臣，使得朝中无人敢进谏。在祭祀方面，商纣王不顾众人反对，执意进行改革，挑战传统权威。同时，他还大兴土木，修筑奢侈豪华的鹿台和酒池肉林。他不断加重赋税、虐待百姓，致使百姓生活极度艰难。这些都为商朝的灭亡埋下了伏笔，而最终导致商朝灭亡的直接原因，是商纣王释放了原本囚禁在羑里的西伯侯姬昌，正所谓"放虎归山，后患无穷"。

博物馆小剧场　　荒淫残暴的纣王

1 自从大王娶了妲己，就对她言听计从，没了自己的主见。他每天沉浸在玩乐之中，就连议事也要大宴宾客。你瞧瞧，宾客们一个个喝得烂醉如泥，还能好好商谈国事吗？

2 大王竟然用歌舞代替传统的祭祀仪式，还缩小了祭祀的范围，这么重要的事情怎么能视同儿戏呢？这可是会影响我们国家的运势的啊！我鼓起勇气劝谏大王，却险些被杀掉。唉！

3 上朝的时候，我们这些臣子基本上都不再敢说话了。今天，一个耿直的同僚又忍不住劝谏大王，没想到大王竟下令将他绑在烧烫的柱子上！我们看着都心惊肉跳，而大王和妲己却很开心的样子。这真是太让人寒心了。

4 西伯侯姬昌是个麻烦，过去大王因为他可能威胁到我大商，所以将把他囚禁起来。可是最近，大王接受了岐周那边送来的礼物，竟然把姬昌放回去了。唉，大王这根本是放虎归山啊！

　　商纣王统治前期与后期相比，变化巨大。前期他兢兢业业，而后期却变得奢靡腐败、荒淫残暴，引起了众人的极度不满。他滥杀忠臣，致使无人再敢进谏，这也导致国内矛盾不断激化，不稳定因素日益滋生。此外，商纣王改革祭祀仪式一事，在商周时代，是足以上升到国家层面的大事，因此引来了众多的攻击与非议。

历史小百科

妲己是谁？

　　妲己出生在苏国，当商纣王攻打有苏氏部落时，她被作为献礼献出，并成为王妃。再后来，妲己凭借倾国倾城的美貌和独特的魅力，赢得商纣王的深深喜爱。在一些文学和影视作品中，妲己被描绘为狐妖附体，而受到她蛊惑的纣王则对她言听计从。

四羊方尊的传奇之旅

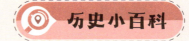

　　1938年，湖南宁乡的山腰上，正在劳作的姜氏三兄弟意外挖到了一件带有羊头装饰的青铜器。他们意识到这是个宝贝，便将它卖给了文物贩子。然而不久之后，这件方尊在战乱中不幸失踪。直到1952年，在周总理的特别关照下，人们终于在一个木箱内找到了被炸成碎片的方尊。后来，经过精心修复，四羊方尊才得以重新面世。

第五章
成也分封、败也分封的周朝

第一节

周国的崛起

　　周族本是一个名叫豳国的边陲小国，后来公亶父做了首领，率领族人由豳迁到岐山下的周原（今陕西岐山北），自此以周为氏，对外称岐周。公亶父在周原营建了城郭、宫殿、宗庙和房屋，并实施一系列发展政策，使得周族逐渐强盛起来。公亶父的儿子季历继任后，周国的发展越发强大。当时的商王文丁担心自己的统治地位会受到威胁，便以封赏为名，将季历召唤到殷都，将他囚杀。商周关系恶化。季历的儿子姬昌继位后，由于周国实力还不够强，只得继续臣服于商。到商纣王的时候，周国的国力已大大提升。商纣王对姬昌并不放心，不仅囚禁了他，还杀了他的儿子。姬昌被解救回去后，以联合和武力手段合并了周边的小国，一步步缩小商朝的统治范围，为最终灭商做好了准备。

博物馆小剧场　姬昌的强国计划

1 商王文丁竟然残忍地杀害了我父亲，我真恨不得立刻率兵灭了商朝。不过，我国的实力目前还不如商朝，我不能因为一时的冲动而毁了全族。所以，我接受了商朝的册封，先臣服一阵子再说！

2 没想到，纣王还是对我不放心，不仅把我囚禁在监狱，还抓了我的大儿子伯邑考。最让我心痛的是，为了考验我的占卜能力，纣王竟然让我喝掉用我儿子的肉做的羹汤。怎么会有如此丧尽天良之人？

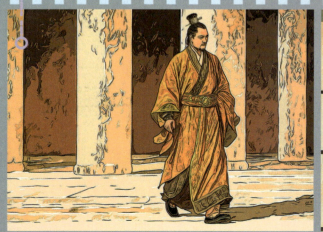

3 杀父弑子之仇，不共戴天。就在我努力表现得越来越服从的同时，我的族人一直在积极想办法营救我。听说他们向纣王献上了宝马和美女，纣王终于答应释放我了。今天，我终于回到了自己的地盘。

4 我必须立即行动起来。我的首要任务就是想办法获得更多的支持。我开始联系周边部落，有一些部落因为对商王不满已久，表示愿意归附我们。对于不愿意归附的部落，我直接武力征服。

　　周族从一个寂寂无名的小国发展成实力强劲的国家，与几任首领的一系列政策和作为有着不可分割的关系。而对应的，商王从文丁到纣王，面对日益强大的周族，他们没有选择从内部管理上强大自身，而是试图通过打压来遏制周族的发展，企图以此使他们感到畏惧从而臣服，结果却是自食恶果。周族的崛起是中国历史上的一个重要转折点，预示着中国历史即将迎来一个新的时代。

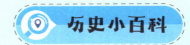

历史小百科

周族的始祖

　　相传在上古时期，有个叫姜嫄的女子，她祈祷上天赐给她一个孩子。后来，她因为在野外踩到一个巨大的脚印而怀孕，后来便生下了弃。弃从小在野外长大，却奇迹般得到了飞禽和牲畜的保护。弃成年后，因为教导人们耕种，被尊称为"农师"。他就是周族的始祖，只不过在那个时代周族并不叫周，而是叫豳（bīn）。

周族起源地

　　周族的起源与姬水有着密切的关系，传说这里是周族始祖弃的母亲姜嫄的居所。关于姬水的位置，学者们有着不同的看法。

一种说法认为姬水位于陕西关中中部的漆水河，另一种说法则认为它位于陕西关中北部的黄陵县附近。也有人持不同观点，认为姬水可能位于河南郑州一带。

第二节

改朝换代的武王伐纣

文物档案

名　称：西周"利"簋
出土地：陕西省西安市临潼区零口镇
特　点：兽首双耳垂珥，内底铸铭文
4 行 32 字，记载了武王伐纣事件。
收　藏：中国国家博物馆

　　姬昌去世后，他的儿子姬发继位，即周武王。为方便进攻商都朝歌，周武王将周都由丰迁至镐京（今西安市西）。为了试探天下对攻打商朝的反应，周武王以祭奠文王姬昌之名，在黄河南岸的孟津举行了大规模的军队检阅，这就是历史上著名的"孟津观兵"。通过这次阅兵，周武王发现人心向周，商纣王已经众叛亲离。商纣王攻打东夷，虽然获得了胜利，但导致国力严重受损。周武王和姜子牙决定在牧野与商军决战。大战前夕，周武王举行誓师大会，发表《牧誓》，列举了纣王的种种罪行，强调伐纣是"上天之意"，同时严明纪律。此时，商纣王的大部队还在东夷，只能武装俘虏仓促应战。结果战争中，商军纷纷临阵倒戈。商纣王见大势已去，登上鹿台自焚而死。

博物馆小剧场　替天行道的武王伐纣

1 自古以来，子承父业，天经地义。更何况商纣王如此残暴不仁，为了天下苍生的福祉，我更要继承父亲的遗志，推翻纣王的残暴统治！为了方便进攻朝歌，尚父建议我把都城从丰迁到了镐京。

2 作为臣子攻打君主，通常会被看成是叛逆之举，所以我得先了解下天下人心所向。于是，我在孟津举行了大规模的军队检阅。没想到，闻讯赶来的部落竟有 800 多个。

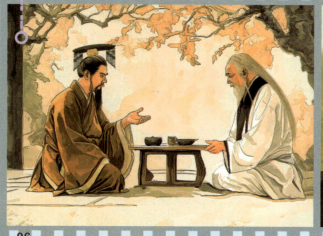

3 消息传来，商纣王竟派出大部队去攻打东夷了！真是天助我也！我立刻集结大军，举行誓师大会。我告诉将士们，纣王罪恶滔天，讨伐他是上天的旨意！将士们备受鼓舞，纷纷表示要和商军决一死战。出发！

4 真是得道者多助也！商军竟然会临阵倒戈。他们调转矛头，反而引领着我们的士兵杀入朝歌。商纣王自知大势已去，估计也是害怕我报杀亲之仇，自己跑到鹿台上，自焚了！

　　牧野之战的胜利，是一次正义与暴政的较量，它标志着商朝的终结和周朝的兴起。武王伐纣的胜利是周武王的正确决策、周族强大的实力，以及天时、地利、人和等多方面因素共同作用的结果。同时，商朝内部的矛盾激化、民心背离，以及军队的倒戈相向，是导致商朝迅速瓦解的直接原因。周武王和姜子牙等人敏锐地把握了战机，果断发动牧野之战，最终一战而胜，开创了周朝的新纪元。

历史小百科

太公钓鱼，愿者上钩

　　商纣王残暴不仁，西伯侯姬昌心怀推翻商王暴政之志，却苦于缺少能助他一臂之力的贤才。相传，姜子牙即后来的姜太公，隐居在渭水之滨，用无饵的直钩垂钓，此举引起了姬昌的注意。姬昌察觉到姜子牙才智非凡，就将他招入麾下。这个故事便是"太公钓鱼，愿者上钩"的典故，用以比喻有贤能的人静待时机，而有识之士会主动前来寻求贤才的辅佐。

"临阵倒戈"的由来

　　"临阵倒戈"这个成语出自牧野之战，它形象描述了关键时刻反戈相向的行为。在这场战役中，商纣王匆忙组织起奴隶和东夷俘虏，把他们安排在前线作战。然而，由于这些人平时饱受商纣王的虐待和凌辱，心中充满了怨恨，所以当周武王的军队兵临朝歌城下时，他们不仅没有为商纣王卖命，反而攻击商朝军队，导致商军迅速崩溃，最终决定了牧野之战的胜负。

第三节

周武王举国分封

文物档案

名 称：西周何尊
出土地：陕西省宝鸡市陈仓区贾村镇
特 点：祭器，尊内底所铸铭文最早出现"中国"一词。
收 藏：中国国家博物馆

周朝建立后，为了巩固对新征服地区的统治，周武王实行了分封制。他将土地连同居住在那里的居民一同分封给王室子弟、有功之臣和贵族，这些被封的土地被称为"诸侯国"，而对应封地的首领则被称为"诸侯"。诸侯的爵位有高低之分，从高到低依次是公、侯、伯、子、男五等，爵位的高低直接决定了封地的大小与土地肥沃程度。诸侯们在其封地内享有相对独立的统治权，包括政治、经济、文化等制度的制定与执行。诸侯国可以拥有属于自己的军队，并对军队具有绝对的领导权。同时，诸侯的爵位可以世袭，传给自己的子孙后代。诸侯在自己的封地内，还可以将土地进一步分封。然而，诸侯必须绝对服从周王室的统治，并承担为周王室镇守疆土、随从作战、交纳贡赋等义务。

博物馆小剧场 | 被分封的诸侯们

1 好激动啊，听说周天子要进行分封了！他打算将土地连同居住在那里的百姓一起分封给王室子弟、有功之臣和贵族。尽管我不是王室子弟，但我在牧野之战中立下不少功劳呢！所以，这封地怎么少得了我的份呢？

2 虽然我的爵位只是男爵，封地也是最小的，但是在我的诸侯国里，什么都是我说了算，比如发展经济、铸造货币，还拥有属于自己的军队。哈哈，我就是诸侯国的王呀！

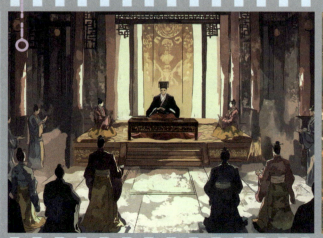

3 听说周边有犬戎的侵扰，周天子命令诸侯率兵前往镇压。我派出最精锐的部队参加作战。作为周朝的重要组成部分，我绝对服从周天子的命令，深知自己有义务保卫周王室的领土不受侵犯。

4 虽然我们几个诸侯国联合起来击退了犬戎，但打仗真是劳民伤财。接下来，我要好好发展我国的经济了，不仅要让老百姓过上好日子，还要给周王室足够的进贡。我的压力不小呀！

　　分封制是西周开始实行的一种特有政治制度，它使统一的社会制度在诸侯国中得以普遍实行，有效地稳定了社会秩序，为经济的繁荣奠定了坚实的社会基础。此外，分封制还极大地促进了各民族的融合，使得偏远的诸侯国接受并融入了中原文化。然而，分封制下，诸侯国在其领地内拥有相对独对的领导权，这也为后期诸侯势力的强大以及周王室的衰落埋下了隐患。

历史小百科

"中国"一词最早的文字记载

　　何尊是西周早期一个名叫何的贵族所铸造的祭器。1965 年，时任宝鸡市博物馆的干部在废品回收站内意外发现了它。何尊内底部的 122 字铭文记载了文王受命、武王灭商、成王完成武王遗愿营建新都成周（即洛邑）的重大历史事件。其中所提到的"宅兹中国，自兹乂（yì）民"，表达了定都天下之中央，以统治万民的意思。这是"中国"一词最早的文字记载。

玉圭的作用

　　玉圭是一种礼器，形状为长方形，两端呈圆形。《尚书·禹贡》中有记载："禹赐玄圭，告厥成功。"意思是，大禹治水成功，尧帝赐给他黑色的玉圭，象征他获得土地和人民。也是从那时起，玉圭成为权力的象征。到了周朝，玉圭的作用得到进一步发展。周天子在分封诸侯时，常常赐予玉圭，作为地方统治权的象征。拥有玉圭的诸侯，在其封地内掌握着生杀大权。

第四节

周公摄政：
周公实施的仁政

文物档案

名　称：西周禽簋

出土地：山东省曲阜市

特　点：内有铭文，记载了周公辅佐
周成王征伐奄侯的史实，是盛食器具。

收　藏：中国国家博物馆

　　周公是周武王的弟弟，姓姬名旦。周武王去世后，新继位的周成王还十分年幼，所以由周公摄政。这个时期，周公推行了一系列以民为本的政策。首先，周公提出"敬德保民"的治国理念，他认为只有德行出众的统治者才能得到上天的保佑，从而使人民得到实惠。其次，周公特别注重礼乐制度，希望通过它来教化人民和维护社会秩序。他改造了传统的礼乐，制定了一套新的典章制度，其中增加了德、刑、乐的内容，显著提高了人的地位。第三，周公提出"明德慎刑"的主张，提倡德治与法治的结合。周公认为，通过教化和礼乐，能够使人们自觉遵守规范，从而减少刑罚的使用。此外，周公还通过分封制将周朝的亲信和功臣分封到各地，以此来巩固周王室的政权。

博物馆小剧场　　周公的仁政

1 成王还小，大家都推选我担任摄政王，辅助成王治理国家。我必当全力以赴，才不辜负大家的期望。我以商纣王的前车之鉴为警示，告诫大臣们要尊敬德行兼备的人，同时也要让百姓得到实惠。百姓幸福了，国家才能安定。

2 "长幼有序，尊卑有别"，尤其是贵族，一言一行都需要体现自己的身份，不可乱了秩序。而要做到这些，可以从礼仪和音乐入手，于潜移默化中形成规矩！

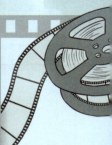

3 仅靠惩罚能有效制止犯罪吗？惩罚不应该是目的，而只是遏制犯罪的一种手段。与其依靠严刑来约束人们的身体，不如用道德的教化来净化人的思想。道德水平提高了，犯罪的还会多吗？

4 自我摄政以来，这个年轻人工作勤勉敬业，一心为大周着想，我非常信任他。于是，我赐予他一块封地，让他去治理一方、造福人民。大臣们受此鼓舞，做事也越来越积极了。

　　总体来说，周公仁政的核心是以民为本，他通过实施德治和礼乐教化，致力于促进国家的长治久安。周朝在周公的治理下社会秩序井然，人民安居乐业。周公的仁政不仅在当时起到了教化民众、稳定社会秩序的作用，而且他的治国理念作为政治思想的宝贵财富，对后世的政治理论和实践产生了积极而深远的影响，被儒家学者所继承和发扬光大。

历史小百科

周公之梦

　　相传，周公经常出现在孔子的梦中。据《尚书·大诰》等文献记载，周公在辅政期间，曾多次通过梦境获得启示，指导国家的治理。这些故事虽带有神话色彩，但也反映了当时人们对梦境的重视，从而使得周公与梦境产生了紧密的联系。因此，梦也被称为"周公之梦"，这彰显了周公在儒家文化中的崇高地位。而孔子曾说"吾不复梦见周公矣"，这话暗含着对周朝礼仪文化失落的感慨。

周公吐哺

　　鲁国是周公的封地，但周公因为忙于朝政，就派长子伯禽前去管理。伯禽临行时，周公告诫他说："为了招待贤士，我吃饭的时候，不止三次吐出正在咀嚼的食物，起身接待他们。可就算这样，我还担心会失去贤人。你到鲁国后，不要因为拥有了国土就变得傲慢啊！"后来，"周公吐哺"就成为象征领导者对贤士的尊重的典故。

第四节

周公摄政：
平定"三监之乱"

文物档案

名　称：西周康侯簋
出土地：河南省浚县辛村卫国贵族墓地
特　点：兽首耳垂，器底铭文 24 字，记
录了平定"三监之乱"的史实。
收　藏：大英博物馆

　　周武王灭商后，听从周公的建议，采取了"以殷治殷"的政策，将殷地封给了纣王的儿子武庚，并派自己的弟弟管叔、蔡叔、霍叔在殷都周围建立邶、鄘、卫 3 个国家，以监视武庚，合称"三监"。周武王去世后，成王继位。由于成王年幼，周公摄政。然而，这件事引起了管叔、蔡叔和霍叔的猜忌，尤其是管叔，他认为自己才最有资格摄政。武庚一直怀有复国的野心，得知周王室内部心生嫌隙后，便趁机鼓动"三监"叛乱，又与东方的奄、薄姑等国联合反周。面对这种内外夹攻的局面，周公首先着手稳定内部局势，争取团结，获得了姜子牙等人的支持。随后，他联合召公奭扩充军队实力，并亲自东征。最终，他诛杀了带头作乱的武庚和管叔，流放了蔡叔，将霍叔废为庶民，彻底平息了叛乱。

博物馆小剧场　　"三监之乱"的爆发

1 改朝换代，安抚好原来王朝统治下的百姓非常重要。我建议先王"以殷治殷"，让商纣王的儿子武庚管理殷地。姜太公建议派管叔、蔡叔、霍叔作为"三监"，驻扎在殷地周围，密切监视武庚的行动。

2 本来一切好好的，没想到先王驾鹤西去后，"三监"竟然怀疑我别有企图，会对大王不利，还和武庚一起叛乱。大王尚年幼，我不能让文王和武王的功业毁在我手里，得赶紧找姜太公等人商议对策才行。

3 我们取得了共识，既然"三监"有了二心，就必须坚决打击。我和召公奭的军队联合了起来，确保军力的足够强大。同时，为了鼓舞士气，我决定亲自率军出征。

4 历经两年，平叛终于有所成效。管叔和武庚罪大恶极，必须杀一儆百。蔡叔虽参与叛乱，但罪不至死，我将他放逐了。霍叔并未参与叛乱，但也未加阻止，我将他废为庶人。殷地的管理，我交给了纣王的庶兄微子。

　　周公通过果断的军事行动，镇压了"三监"，对相关人员进行了合理的处置。管叔被杀，蔡叔被放逐，霍叔被废为庶民，武庚则被诛杀，纣王的庶兄微子被立为殷地的国君。武庚覆灭后，周公继续东征，经过 3 年才算彻底将这场叛乱平息，消除了内部的不稳定因素，稳固了周朝的政权。此外，周公提出以治理功绩考察、任命官员的原则，对后世的官员制度产生了重要的影响。

历史小百科

背井离乡的康侯簋

　　1931 年春天，河南浚县辛村下了一场暴雨。雨后，村民们在挖凿窑洞时意外发现了康侯簋等一大批青铜器。这引发了村民的猜测，怀疑附近有座古墓。消息不胫而走，文物贩子很快光顾，而康侯簋几经转手被卖到了欧美。1977 年，一位银行家将康侯簋捐赠给了大英博物馆。

叛乱的武庚

　　武庚是商纣王帝辛与妲己的儿子，从小聪明好学，深得宠信。周武王伐纣后，他虽然受封于殷地，却常常偷偷跑到朝歌，在鹿台祭拜父亲纣王。后来，他利用周朝内部矛盾，与不满周公摄政的"三监"联合，发动了叛乱。这场名为"三监之乱"的事件，最终以武庚被诛，"三监"被废而告终。

第五节

两代王创造的成康之治

文物档案

名　称：西周大盂鼎

出土地：陕西省眉县

特　点：立耳，圆腹，内壁铸铭文，记载周康王册封贵族盂的史实。

收　藏：中国国家博物馆

周成王成年后，周公归还政权于他。亲政后的成王，对内营造新都洛邑，并大封诸侯；对外派周公东征，加强周王室的统治。成王在位期间，国内政治清明，经济繁荣，百姓安居乐业。成王病重之时，担心儿子康王不能胜任国事，就令召公奭（shì）、毕公高辅佐康王。成王去世后，召公奭、毕公高带领康王前往祖庙，向他讲述先祖创业的艰辛和传统，并告诫他要勤于政事，守住祖先基业。康王在位期间，秉承先祖理念，内政上推行周公"明德慎罚"的主张，有效缓和了阶级矛盾；外交上攻伐淮夷等少数民族，加强对异邦的控制。历史上，成王和康王统治的时期被誉为"成康之治"。

下面让我们走进博物馆小剧场，看看周成王和周康王是如何做出如此耀眼的政绩的吧！

博物馆小剧场　　盛世下的良苦用心

1 大王从周公手里接过管理大权后，勤勉节俭，每天都忙碌到深夜。如今我大周政治清明，经济繁荣，人们都过上了安居乐业的好日子。真希望大周永远这样昌盛啊。

2 大王因为长年劳累病倒了。眼下虽然是太平盛世，但周边的少数民族一直虎视眈眈。他很担心仅凭年轻的新王一己之力难以守住周王室的基业，所以嘱咐我和毕公高一起辅佐新王。

3 我和毕公高商议后，决定带着新的大王去一趟祖庙，让他继承先祖的遗志。大王很尊重我们的意见，对内推行周公"明德慎罚"的主张，对外加强对淮夷等少数民族的征伐，内外政事处理得都很得当。

4 我和毕公高全心全意辅助大王，而大王自己也非常给力。现在社会安定繁荣，百姓安居乐业。因为很少有人犯罪，家家夜不闭户。有一次我去监狱里视察，竟然看到里面长出了荒草。

成康之治是中国历史上最早的太平盛世之一。这期间，农业蓬勃发展，人民生活安居乐业，周边少数民族纷纷来朝拜，周朝发展到了前所未有的强盛阶段。不过，到了康王后期，社会出现了各种衰败迹象。这告诉我们，国家的繁荣昌盛需要持续的经营和适时的改革。

历史小百科

大盂鼎

甘棠遗爱

"甘棠遗爱"这句成语最早出自《诗经·国风·召南·甘棠》。据说，召公奭在治理陕西以西一带时，很受百姓拥戴。有一次，他巡行至一棵棠梨树下，因为有要事处理，便在树下处理起了政事。召公奭去世后，人们怀念他，舍不得砍伐这棵棠梨树，并创作诗歌《甘棠》咏赞和缅怀他。"甘棠遗爱"由此得来，表达了人们对清正廉明官员的爱戴或怀念。

爱酒但不酗酒的周人

从周康王时期大盂鼎上的铭文中，我们可以发现一件有意思的事情。在周康王册封贵族盂的时候，他赏赐了美酒、礼服、车马以及奴隶，其中美酒被排在了最前面。由此可见，酒在当时的社会中占据着非常重要的地位。与此同时，周康王又告诫盂，商朝正是因为酗酒才导致了灭亡，因此要引以为戒，不能沉迷于酒。由此可知，周人对酒是既爱又恨呀！

第六节

走向衰落的昭穆时代

文物档案

名　称：西周启卣（yǒu）
出土地：山东省黄县归城小刘庄
特　点：椭圆口，有盖和提梁，记录了周昭王南征而不复之事。
收　藏：山东博物馆

周昭王是周康王的儿子，他即位的时候，社会呈现出一派繁荣的景象。周昭王有意扩大疆土，维护统治权威。他攻伐东夷，俘获大量战利品，使东夷部落归顺。为了遏制日益强大的楚国，周昭王3次伐楚，但均以失败告终。在最后一次伐楚的返程途中，周昭王去世。之后，周昭王的儿子继位，他就是周穆王。周穆王继位时，虽然已年过半百，但励精图治，勤政爱民。他秉承"明德慎罚"的传统，让大臣伯冏向朝廷官员重申执政规范，并发布《冏（guǎng）命》；又命吕侯作《吕刑》，作为规范民众行为的法典，其中规定了包括墨、劓、膑、宫、大辟等在内的众多刑罚。周穆王又以犬戎不进贡为由，攻伐犬戎，并获得胜利。然而，他对边疆地区的高压政策引起了当地人民的不满，导致边远部落不再朝见周朝。

博物馆小剧场　**功过皆有的昭穆二王**

1 别看我是个文官，我父亲可是跟着先王南征北战的大将呢！当年先王为了南下伐楚，集结大军攻伐东夷。我父亲就负责指挥主力部队。他们大获全胜，缴获了大量战利品，还让东夷部落纷纷归顺。

2 随着楚国越来越强大，经常制造骚乱。先王为了维护周朝的统一，3次出动大军征讨楚国。可惜事与愿违，父亲他们的军队三次都未能取胜。先王还在最后一战的返程途中不幸溺水而亡。

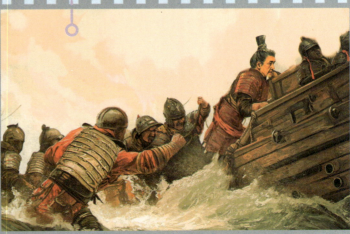

3 如今大王继位，用心治理国家，颁布了《冏命》和《吕刑》，告诫大家要顺应天命、敬畏法律，并制定了相应的刑罚。百姓都很拥戴他。最近，大王率军征讨犬戎，打了一场胜仗。

4 大王喜欢游山玩水，足迹遍布很多地方。听说他还见到了传说中的西王母！可是大王啊，你什么时候才能回来呢？再这样游玩下去，国库就要耗空了，国家还有许多事务等着你处理呢！

　　周昭王在国内一片繁荣安定的情况下，积极征战，成功扩充了周朝的疆土，并显著提升了周王室的威望。但3次伐楚的失败，严重削弱了周王室的军事实力，周朝自此由强盛转向衰弱。周穆王致力于政治经济的稳定发展，为周朝带来了一段相对平稳的时期。此外，他游历四方促进了文化交流。只是周穆王频繁且无度的游历，耗费了大量财富和资源，进一步加剧了周朝的衰落进程。

历史小百科

我国最早的木偶戏

　　周穆王西巡的时候，曾遇到一名神奇的偃师（古代的机械工程师），偃师献给他一个人偶。这个人偶能歌善舞，样子就跟真人一模一样，栩栩如生。周穆王见到后惊讶极了，起初以为是真人扮的，当偃师将人偶打开，展示其内部构造时，周穆王心悦诚服，赞叹偃师技巧之高超。这个故事就出自《列子·汤问》的"偃师献伎"，是我国文献对木偶戏最早的记载。

周昭王死因之谜

　　由于缺乏确定性的考古发现，周昭王的死因至今仍是个谜团。有人说，他强征平民船只，并且用完后将其毁弃，因而遭到了报复。在返程的途中，平民设计让船只解体，不善水性的周昭王因此溺亡。也有人说，周昭王南征返程渡过汉水时，桥梁突然坍塌，导致他掉入河中溺亡。此外，还有关于地震、鳄鱼等说法。相信随着考古研究的不断推进，真相终将浮出水面。

第七节

周厉王的残暴统治

文物档案

名　　称：西周晋侯稣钟
出土地：山西省侯马市曲沃县
特　　点：全套共 2 组 16 件，上面的
铭文记录了周厉王讨伐东夷之事。
收　　藏：山西博物院

　　周厉王是周穆王的玄孙。他继位之后，很是重用荣国君主荣夷公。大臣芮良夫极力劝谏，说荣夷公是个贪财好利之辈，接近他会败了周朝的基业。周厉王不仅不听，还果断采纳了荣夷公的意见：将自然资源全部收归国有，不许平民以此谋生。平民断了生路，便公开议论周厉王的过失，甚至咒骂他。对此，周厉王不仅不反思自己的过失，反而派巫师监视民众，对于那些敢议论君主的人，全部处以死刑。结果，百姓不敢再说话，诸侯也不再朝拜。召穆公拿治水之道警告周厉王"防民之口，甚于防川"，意思是堵住人们嘴巴，不让他们说话，比堵住河流的害处更大，后果不堪设想。然而，周厉王仍旧是一意孤行，导致百姓走在大街上只敢以眼神互相示意，谁都不敢说话。

博物馆小剧场　周厉王的暴政

1 "请您不要再接近荣夷公了！"我不止一次劝谏大王，可是他不仅不听，还更加重用荣夷公。荣夷公贪财好利，难道大王真像大家议论的那样，想依靠荣夷公获得更多钱财吗？

2 那个荣夷公真的太无耻了，竟然让大王把我国境内的自然资源都收归国有，不让平民百姓使用！这不是把那些以此为生的百姓往死路上逼吗？最气人的是，大王竟然立刻颁布了这条命令！

3 我走在街上，总是都能听到百姓咒骂大王的声音。我本以为大王会知错悔改，没想到他竟然派了巫师监视人们，还把那些抓到的说他坏话的人，要么关押起来，要么处死！太过分了！

4 召穆公也看不下去了，他劝诫大王说：这样子堵住民怨，会比堵住河流的害处还要大。可大王根本不听。现在大街上再也听不到谁说一句话了，但看大家的眼神，那可是充满愤恨啊！

　　周厉王重用奸臣，不听忠言，这是导致国家政治出现严重问题的重要原因。面对人民的议论，周厉王非但没有反思，反而采取监视并严惩的措施，使得社会氛围极度压抑。他的所作所为不仅违背了古代圣贤的治国理念，还破坏了君臣之间的信任，疏远了诸侯，最终导致周朝走向灭亡。周厉王的例子告诉我们，只有以民为本，才能赢得民心。

历史小百科

异象预兆

　　相传，周厉王出生的那年冬天下了很大的冰雹，导致很多牲口死亡，江汉地区还出现了严重的水患。在当时的文化背景下，人们把这些不寻常的自然现象与后来周厉王的残暴统治联系在一起，认为它们是对君主行为的一种预兆或警示。

备受重视的巫师

　　在商周时期，巫师扮演着宗教、政治、文化以及社会生活中的核心角色，其地位和影响力远超普通民众。他们不仅是祭祀活动的主角，负责沟通人神，还承担着记录君主言行，掌管星历、教育，以及医药等多重要职责。许多巫师兼具治疗疾病的能力，擅长使用草药为人治病，更有甚者能参与国家政务，例如，周厉王时期，巫师被赋予监视平民言论的任务。

第八节

动摇根基的国人暴动

周厉王的残暴统治让平民们长期生活在水深火热之中。终于，国人忍无可忍，手持农具、棍棒等集结起来，攻入王宫，要杀周厉王。这就是著名的"国人暴动"事件。周厉王紧急调兵阻拦，却发现无兵可调。因为当时实行的是寓兵于民的制度，即平时为民，战时为兵。见形势不妙，周厉王仓皇而逃，一路逃至彘（zhì）国（今山西霍州市），在那里度过了余生。

可是暴动并没有停止，国人找不到周厉王，就要求大臣交出太子。召穆公为了保护太子，将自己的儿子交给了愤怒的人们。于是，召穆公的儿子代替太子被杀。最后，在周定公和召穆公的大力劝解下，国人的怨恨才渐渐平息。

 博物馆小剧场　　暴动的国人

1 糟糕！愤怒的人们拿着家伙闯进了宫里，我和侍卫们根本拦不住。他们嚷嚷着要我们交出大王。关键时刻，大王命令我调兵。都城的国人平时就是兵，现在他们都暴动了，我调集谁啊！

2 大王一看大事不妙，从后门逃跑了。国人的目标是大王，看不到他，倒也没有为难我们这些侍卫。但不知道谁出的主意，他们又让我们交出太子。这是要父债子偿吗？

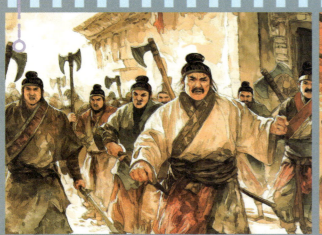

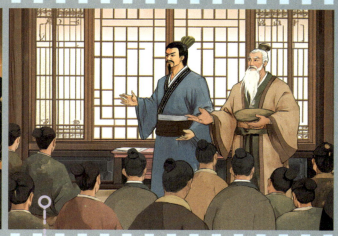

3 我们正不知如何是好的时候，召穆公来了。他怎么把自己的儿子说成是太子呢？这群愤怒的人们，根本不管真假，将所有的怨恨都发泄在了召穆公的儿子身上。啊，可怜的孩子。

4 召穆公的儿子就这样为了太子牺牲了。能看出来，召穆公内心很痛苦，但他还是强打起精神，和周定公一同安抚愤怒的人们。好在，人们发泄了怨恨之后，终于停止了暴乱，很快离开了王宫。

　　国人的暴动直接推翻了周厉王的统治。周厉王逃离都城，落得个客死他乡的下场。这场暴动还导致当时平民阶层和中上层贵族之间产生割裂，很大程度上削弱了周王室的统治基础，以至于后来逐步出现分崩离析的局势。国人暴动作为周代社会矛盾的一个缩影，告诉我们国家的稳定离不开民众的支持和参与。

 历史小百科

国人是谁？

　　此次暴动事件中的"国人"，并非整个周朝的人民，而是特指居住在国都的人。在当时，国人具有参与议论国家事务的权利，同时也有服兵役的义务，对国君的废立也拥有相当的话语权。暴动一事，体现了他们的集体影响力，也可以视为他们行使权利的一种体现。

召穆公的是是非非

　　珸生簋的铭文记录了贵族珸生向召穆公送礼，以求他帮助平息土地官司一事。然而，对于一个人的历史评价并不是单一的。召穆公辅佐君主，促进了国家的稳定，深受人民爱戴。《诗经》中也有诗篇歌颂他的事迹。因此，当历史要评价一个人的时候，需要从多角度进行考量。

第九节

西周的共和时代

文物档案

名　称：元年师兑簋

特　点：食器。一对兽首双耳，下有方形垂耳，器、盖刻有铭文，记录了共和元年五月一次册命师兑的事件。

收　藏：上海博物馆

　　公元前841年，国人暴动后，周厉王逃亡至彘国。此时，周朝出现了王位的空缺。谁来当政执掌国事，成了首要问题。太子此时藏身在召穆公的家中，由于国人的愤怒尚未彻底平息，他不适宜出来主政。于是，召穆公和共伯和等人组成奴隶主贵族会议，通过集体协商政事，共同辅政，史称"共和行政"。这一年被称为共和元年，是中国历史上首次出现的确切纪年。由于共和行政的首要目的是稳定局势，延续周朝的统治，所以其间没有出台特别的政策。直到周厉王在彘国病逝，召穆公等人趁天下大旱之际，行占卜之事，以顺应天命之名，拥护太子即位，他就是周宣王。召穆公和共伯和宣布退位，至此，"共和行政"宣告结束。

博物馆小剧场　稳定政局的最佳方案

1 大王为了保命逃走了，导致国家一时之间没有了君主。有人建议让太子即位，可是国人的愤怒还没有平息，再加上大王还在世，于情于理，太子都不适宜在这个时候出来主政。那么，谁来主政合适呢？

2 共伯和掌管着国家的军权，又恰好不是王室成员。如果由我和他一同主政，对外宣称主政的是他，国人应该没有太大意见吧？眼下最重要的是稳定政局，就这么决定了！

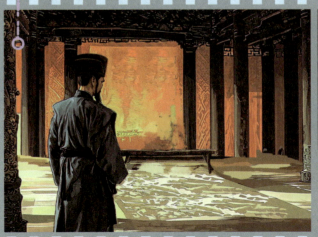

3 我和共伯和共同主政十四年后，收到大王客死他乡的消息。此时国人对大王的愤怒已经淡化，是时候拥立太子继位了。眼下天下大旱，民不聊生，我有了一个主意！

4 我们举行了一场占卜，告诉国人太子继位是天意，只有顺应天意，才能解决旱情。巧合的是，太子即位不久，果真天降甘霖。国人见了，顿时心悦诚服。而我和共伯和可以悄悄地退下来了。

　　在当时历史情境下，共和行政作为权宜之计，稳定了周朝的根基，延续了周朝的政权统治。考虑到当时的历史背景和需要，这无疑是最佳选择方案。更重要的是，从共和元年起，中国历史有了确切的纪年方式。这一时间纪年，不仅为历史提供了统一的时间标准，还为史学家提供了时间参照点，对后世的历史研究产生了深远影响。

📍 历史小百科

迷雾重重的"共和"

　　关于"共和"提法的由来，有的说共和时期代执政的是召穆公和周公的后人周定公。也有观点认为，根据《竹书纪年》和相关史料，共和时期指的是共伯和干政的十四年，这位共伯和就是卫武公。也有人说共伯和是共国国君，好行仁义。《汉书·地理志·河内郡》记载，共伯和在"三公"之列，是周朝权力最大的官员。

从铭文探历史

　　元年师兑簋是西周的一件食器，上面所铸的铭文记录了周王元年的时候，师兑受王命掌管左右走马、五邑走马，辅佐师龢父。有学者认为，这里提到的"师龢父"，就是共伯和，他在西周晚期的青铜器铭文中出现过多次。同时我们注意到，铸文者使用"元年"，可以推测此时周厉王虽在世，但朝廷为了维护周朝统治秩序，故而采用了新的纪年。

第十节

扭转大局的宣王中兴

文物档案

名　　称：西周师寰（huán）簋

特　　点：食器。器形很大，下置三兽足，上面铭文记录了周宣王命令师寰率联军讨伐淮夷的事件。

收　　藏：上海博物馆

　　周宣王是周厉王的儿子，他即位后，吸取了周厉王的教训，决心不再重蹈周厉王的覆辙。于是，他在召穆公等人的辅佐下，开启了一场政治改革。

　　在内政方面，周宣王任用了一批贤臣，特别重视他们的意见；同时广开言路，扬长避短。周宣王还告诫官员们不得贪污，要保持廉洁；也要加强自我约束，不能酗酒闹事。周宣王还宣布废除春耕时的籍田礼，这意味着放松了对土地和农业生产的直接控制。在军事方面，周宣王南征北战，积极派兵加强边防，同时对周边的侵扰进行有效反击，保护了国家和人民的安全。这一时期，国内政治经济形势得到好转，社会矛盾大大缓解，诸侯们也纷纷前来朝见，史称"宣王中兴"。

博物馆小剧场　　周王朝的强势回归

1 国家终于安定下来，我们有了新的大王。大王把之前的苛政都废除了，以后我们再也不担心说一句话就被抓走了。听说大王身边聚集了很多贤臣，估计我们的好日子不远了！

2 对于平民来说，还有什么比田地更重要的事呢？大王取消了籍田礼，意味着我们不用再去集体耕种公田了。种下的粮食全归自己所有，家人再也不用挨饿啦！新王果然和以前的大王不同啊！

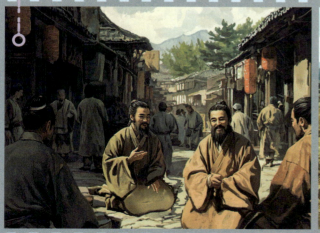

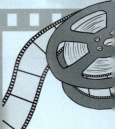

3 不仅如此，大王还惩治了我们这里的大贪官、恶霸。他们不仅霸占了很多平民种植的公田，让我们挨饿，还总是仗着权势欺负我们。那些贪官、恶霸，现在终于不能再作恶了！

4 这国内局势刚刚稳定，边境又出问题了。我作为壮丁，被征召入伍了。我们在大王的带领下，英勇非凡，不仅拓展了疆土，还彻底征服了那些侵扰我们的异族。这下，终于可以安心过日子了！

　　周宣王在位前期采取的积极政策，有效缓解了国内的矛盾，为周朝的统治续上了后劲。而到了周宣王晚年，由于频繁征兵，加重了人民的负担，激化了阶级矛盾，再加上他深居宫中贪图享乐，这一系列因素导致中兴的局面没有持续太久，周朝国势持续走向下坡。

历史小百科

天子做表率的籍田礼

　　籍田礼是指古代天子亲自耕作，以此作为表率，向百姓展示对农业的重视和对耕种的鼓励。由于天子在公田进行示范，所以籍田礼还有宣誓耕地主权、监管公田耕种的意义。周宣王继位后取消籍田礼，意味着放弃对公田资源的占有，提高了平民耕种的积极性。

古代也有人口普查

　　周宣王的军队和姜戎作战时打了败仗。为了补充损失的兵力，周宣王决定进行人口普查。没想到，人口普查遭到了强烈的反对。反对者认为这不合礼法，也容易对外泄露国家实力。可周宣王还是进行了人口普查。通过这番举措，不仅解决了兵源问题，也加强了国家对人口的控制。

第十一节

西周的灭亡：烽火戏诸侯

　　周宣王去世后，他的儿子姬宫涅（ shēng ）继位，就是周幽王。周幽王即位时，赶上都城周边发生地震，百姓因此饱受流离之苦。面对这样的局势，周幽王并没有励精图治，以拯救百姓于水火之中，反而沉迷于酒色，腐败不堪。他将忠臣或革职，或囚禁，转而任用奸臣虢（ guó ）石父为卿士，执掌政事。在虢石父的教唆下，周幽王加强了对人民的剥削，引发人们的怨恨，导致社会矛盾不断激化。此外，周幽王还宠幸褒姒（ bāo sì ），他不顾祖宗礼法，废黜了王后申后和太子姬宜臼，改立褒姒为王后，并立褒姒的儿子姬伯服为太子。尽管褒姒貌美，却不爱笑。为了博得美人一笑，周幽王轻信了虢石父的主意，点燃烽火台，把诸侯们骗过来救驾。这一行为严重损害了诸侯与周王室的信任关系。

博物馆小剧场　周幽王制造的闹剧

1 我们真的快活不下去了。这地震已经让我失去了家，没想到泾河、渭河、洛水三条河川又暴发了洪水。最让我们心痛的是，大王竟然对我们的灾难和痛苦无动于衷，只顾着自己享乐！

2 真不知道我们一家是怎么活过来的。这刚稍稍安定下来，就听说大王赶跑了那位一直为我们百姓说话的忠臣，而重用虢石父。这个小人竟然宣布增加我们的赋税。天啊，这是什么朝廷！

3 自从宫里来了个褒姒，大王更加不理朝政了。更让人不能理解的是，大王竟然罔顾礼法，废除了申后和太子，改立褒姒为王后、褒姒的儿子为太子。听说被废申后的父亲申侯气得不得了！

4 这虢石父和褒姒都是祸害啊。大王为了博褒姒一笑，竟然轻信虢石父的主意，点燃烽火台上的烽火，把诸侯们骗来救驾。诸侯救驾可是救命的大事，怎么能如此儿戏？

　　周幽王的腐败统治，加速了西周的衰败。他沉溺于褒姒的美色，荒废朝政，导致国力衰退。而他废黜王后、太子，更是加重了王室内部的矛盾，引发了诸侯的愤怒。周幽王荒唐至极的烽火戏诸侯，一则失信于天下，二则动摇了西周的根基，为周朝的倾覆埋下了隐患。

历史小百科

褒姒的传说

　　据记载，周厉王曾打开过一个从夏朝流传过来的装有神龙唾液的盒子，唾液流出来后，变成一只黑蜥蜴。一位侍女碰到黑蜥蜴后怀孕，并生下一女婴，因害怕将女婴遗弃。一对夫妇在逃亡的路上，可怜遭弃的女婴，就抱着她一起逃亡到褒国。这个女孩就是褒姒。

"烽火戏诸侯"是否真实存在

　　有学者认为，许多记录西周历史的书籍并未提到"烽火戏诸侯"的内容，因此认为这一事件可能并不是真实存在的。而《清华简》中，明确记载了周幽王主动进攻申国，结果被申侯联合犬戎打败，导致西周灭亡。竹简上也没有提到"烽火戏诸侯"，这在某种程度上支持了上述质疑。而唯一记载"烽火戏诸侯"的《史记》，有学者推测，司马迁可能是为了提醒汉武帝励精图治，而杜撰了这个故事。

第十一节

西周的灭亡：
犬戎来犯

文物档案

名　称：西周青铜虎鎣（yíng）

特　点：祭祀的礼器。器盖和出水口有老虎造型，顶盖内铸有"自作供鎣"铭文。

收　藏：中国国家博物馆

申后和太子姬宜臼被废后，周幽王还想将姬宜臼斩草除根。母子两人只好逃到申国，申侯相当气愤。后来，申侯听说周幽王想废黜他的爵位，便决定先发制人。他联络犬戎和鄫国，一起攻打镐京。周幽王在郑桓公的救助下逃出镐京。逃至骊山脚下时，周幽王点烽火以求诸侯前来救驾。然而，诸侯们因为曾上当受骗，以为这又是一次戏耍，所以没有前来救援。结果，周幽王和郑桓公被犬戎所杀，褒姒也成了俘虏。犬戎的兵马进入镐京后，大肆破坏周朝的宗庙，使周朝百姓遭受灭顶之灾。随后，申侯联合其他诸侯共同驱逐了犬戎。之后，原太子姬宜臼继位，他就是周平王。而此时镐京已残破不堪，宫殿也被犬戎放火烧毁，周平王不得不将都城迁至洛邑。从此，西周时代终结，东周时代开始。

博物馆小剧场　　　**断送西周基业的周幽王**

1 大王实在可恶，竟然让我的女儿和外孙如此狼狈不堪地逃了回来。自从大王鬼迷心窍，迷上褒姒，就一心想着除掉我的外孙。听说他还要废黜我的爵位，那就别怪我先下手为强了！

2 犬戎和大周长期有冲突，我就和他们组成联军吧！太好了，鄫国也愿意加入进来，那我们就一起打个痛快！我们约定好时间，同时发兵攻打镐京。大王一点儿准备也没有，很快就被我们包围了！

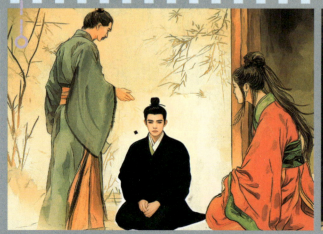

3 我们的军队一路把大王追到骊山脚下。大王见无路可逃，就点燃烽火求救。可是过了很久，也不见有诸侯前来救驾。这都是大王当初为了取悦褒姒，多次点燃烽火戏弄诸侯的恶果呀！

4 这帮犬戎人真的太过分了，进城之后大肆烧杀劫掠，连宗庙也不放过，把镐京糟蹋得一塌糊涂。这怎么行，不管咋样，这里也是我的国家呀！所以，我联合郑、秦、卫等诸侯一同把犬戎赶了出去。

　　周幽王的失政，导致社会矛盾加剧。而周幽王多次烽火戏诸侯之后，诸侯和周天子之间的信任关系被严重破坏，这直接导致了关键时刻没有诸侯前来救驾，使得周幽王惨遭杀身之祸。犬戎之祸后，尽管周平王迁都洛邑，建立了东周，但周天子的势力已经大为削弱，各诸侯开始各行其是，周朝逐渐形成分崩离析的局势。

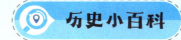

历史小百科

二王并立

　　周幽王死后，其子姬宜臼在一些诸侯的支持下继位，他就是周平王。但因为他是申侯的外孙，而申侯曾联合犬戎攻打周幽王，导致周幽王被杀，所以周平王的继位在合法性上存在争议。与此同时，周幽王的弟弟姬余臣，也在一些诸侯的支持下称王，他就是周携王。周平王与周携王同时存在了一段时间，形成了"二王并立"的局面。最终，周平王打败周携王，结束了这一局面。

崇拜狼的犬戎一族

　　犬戎是游牧民族，他们以狼为图腾。在古代，犬并没有完全脱离狼的形态，那时候的白犬就像狼一样凶猛。然而，犬同时也是游牧家庭中的重要成员，游牧人对它充满尊敬，因此他们自称犬戎。有专家认为，今天蒙古族和羌族中以狼为图腾的那部分人群，可能是犬戎的后裔。